# SOUVENIRS DE LA GRANDE GUERRE

METHUEN'S TWENTIETH CENTURY FRENCH TEXTS

*Founder Editor:* W.J. STRACHAN, M.A. (1959–78)
*General Editor:* J.E. FLOWER

ANOUILH: *L'Alouette* ed. Merlin Thomas and Simon Lee
BAZIN: *Vipère au poing* ed. W.J. Strachan
BERNANOS: *Nouvelle Histoire de Mouchette* ed. Blandine Stefanson
CAMUS: *La Chute* ed. B.G. Garnham
CAMUS: *L'Étranger* ed. Germaine Brée and Carlos Lynes
CAMUS: *La Peste* ed. W.J. Strachan
CAMUS: *Selected Political Writings* ed. J.H. King
DUHAMEL: *Souvenirs de la Grande Guerre* ed. Tony Evans
DURAS: *Moderato cantabile* ed. W.J. Strachan
DURAS: *Le Square* ed. W.J. Strachan
GENET: *Le Balcon* ed. David H. Walker
GIRAUDOUX: *Electre* ed. Merlin Thomas and Simon Lee
GISCARD D'ESTAING: *Démocratie française* ed. Alan Clark
LAINÉ: *La Dentellière* ed. M.J. Tilby
MAURIAC: *Destins* ed. Colin Thornton-Smith
ROBBE-GRILLET: *La Jalousie* ed. B.G. Garnham
SARTRE: *Huis clos* ed. Jacques Hardré and George Daniel
SARTRE: *Les Jeux sont faits* ed. M.R. Storer
SARTRE: *Les Mains sales* ed. W.D. Redfern
SARTRE: *Les Mots* ed. David Nott
TROYAT: *Grandeur nature* ed. Nicholas Hewitt
VAILLAND: *Un Jeune Homme seul* ed. J.E. Flower and C.H.R. Niven

*Anthologie de contes et nouvelles modernes* ed. D.J. Conlon
*Anthologie Éluard* ed. Clive Scott
*Anthologie Prévert* ed. Christiane Mortelier
*Anthology of Second World War French Poetry* ed. Ian Higgins

METHUEN'S TWENTIETH CENTURY TEXTS

Georges Duhamel

# SOUVENIRS DE LA GRANDE GUERRE

*Edited by*
Tony Evans, M.A., M.Phil., F.I.L.

*Headmaster,*
*Portsmouth Grammar School*

Methuen Educational Ltd

*First published in this edition in 1985 by*
*Methuen Educational Ltd*
*11 New Fetter Lane, London EC4P 4EE*

© *Mercure de France 1918 for* Civilisation
*and 1917 for* Vie des martyrs
*Introduction and Notes © 1985 Tony Evans*

*Printed in Great Britain by*
*R. Clay (The Chaucer Press) Ltd.*
*Bungay, Suffolk*

*All rights reserved. No part*
*of this book may be reprinted*
*or reproduced or utilized in any form*
*or by any electronic, mechanical or other means,*
*now known or hereafter invented, including photocopying*
*and recording, or in any information*
*storage or retrieval system,*
*without permission in writing from the publishers.*

*British Library Cataloguing in Publication Data*

*Duhamel, Georges*
*Souvenirs de la grande guerre. –*
*(Methuen's twentieth century French texts)*
*I. Title II. Evans, Tony, 1945 –*
*843'.912 PQ2607.U53*

*ISBN 0-423-51230-7*

# CONTENTS

## ACKNOWLEDGEMENTS

The editor and publishers are grateful to Mercure de France for permission to prepare a critical edition of work selected from *Vie des martyrs* and *Civilisation*. All rights are reserved.

They are also grateful to Mercure de France and Professor Bernard Duhamel for permission to reproduce plates 2 and 5 and to the Imperial War Museum for permission to reproduce plates 3 and 4.

# INTRODUCTION

In a world in which anxiety over the possibility of nuclear conflict increases it is both rewarding and appropriate for us to study writers' reactions to the horror of the Great War and none more so than those of Georges Duhamel. While he may have achieved more general acclaim with the *Chronique des Pasquier* and *Vie et aventures de Salavin*, Duhamel's qualities of compassion and integrity are nowhere more in evidence than in *Vie des martyrs* and *Civilisation*. In these he sought to bequeath to posterity an authentic picture of suffering in war, unromanticized by patriotism and unencumbered by dogma.

## OUTLINE OF DUHAMEL'S LIFE AND THEMES

Georges Duhamel was born in Paris on 30 June 1884, the seventh of eight children of whom only four survived, and the family, although reasonably united thanks to a long-suffering and devoted mother, endured distinct financial hardship. The father, Pierre-Emile, qualified as a doctor at the age of fifty-one and his unpredictable nature led him to change jobs regularly. Georges himself recalls no fewer than forty-three moves of house but, despite a disrupted education, he nevertheless achieved academic success and revealed wide intellectual interests. Throughout his life his love of medicine and science and his love of literature and the arts remained united and undiminished and, whatever his shortcomings in other respects, there is no sense in Duhamel's writing of the dichotomy of the two cultures. He entered the Faculté de Médecine in Paris in 1902 and qualified as a doctor in 1909. Not only did he pursue his studies during this time, he also travelled widely in Europe on foot, worked in a lawyer's office as a clerk and, in the autumn of 1906, with the painter, Albert Gleizes, Charles Vildrac, René Arcos, Jules Romains and others, founded the *Abbaye* at Créteil, so called after Rabelais's *Abbaye de Thélème*, the principal aim being to form a model society of artists uniting manual and intellectual occupations in perfect equilibrium. Sadly this *groupe fraternel d'artistes*, which was intended to be the epitome of *unanimisme*, failed after fourteen months, owing to irreconcilable differences of habit and opinion, teaching Duhamel an abiding lesson on the impossibility of total human harmony.[1] In 1909 Duhamel married the actress, Blanche Albane, whom he had met at the *Abbaye*. He wrote some early poetry and plays, but really developed substantially as a writer and thinker during the Great War when, having volunteered as a doctor, he witnessed and recorded the full truth of life at the Front over four years. *Vie des martyrs* and *Civilisation* are poignant evidence of this development and for at least one critic 'the feelings, sensations, anguishes expressed by Duhamel in these works have taken on eternal stature'.[2] The war marked Duhamel profoundly, as it did his entire generation, and led him to preach spiritual values in his writings thereafter. He does not see God as the centre of the universe, for at an early age he had lost conventional faith, but, rejecting the mechanized paraphernalia of contemporary civilization, he believes that love of one's fellow man, with or without God, is humanity's only hope of development after what he interprets as the moral aberration of the Great War. Other writers, particularly Henri Massis, Elie Faure, Alain, and Paul Valéry have found Duhamel's analysis of the causes of war and how its recurrence could be avoided somewhat simplistic, and there is no doubt that in *Vie des martyrs* and *Civilisation*, while depicting horror in ways similar to those used by Dorgelès and Barbusse, he eschews political and philosophical considerations. Duhamel aims to jolt into a recognition of reality those who, often at a safe distance from the Front, entertained the comfortably patriotic or chivalric view of war, and Maurice Genevoix, amongst others, was profoundly grateful to him for so doing.[3] Duhamel also holds firmly to the beliefs, expressed in *La Possession du monde* and *Entretiens dans le tumulte*, both published in 1919, that true riches are not gained by the acquisition of material wealth and that the advance of civilization depends essentially on moral progress,[4] convictions reiterated in his essays between the two world wars and into the 1950s.

Smarting from the mental and moral scars of war and exhausted by intense work at the Front, Duhamel abandoned medicine as a permanent career and dedicated himself to letters. During the Second World War, however, he resumed his first vocation at a hospital in Rennes and in the same year was elected a member of the *Académie de Chirurgie* having already, in 1937, been admitted to the *Académie de Médecine*. His writings between the two wars were numerous and confirmed his reputation. The *Chronique des Pasquier*, in ten volumes, with its portrait of the evolution of a lower middle-class family between the 1880s and 1920s, is a colourful *roman-fleuve* – Duhamel himself preferred to call it a *roman cyclique*[5] – which, despite the first impression given by *Le Notaire du Havre*, is a voyage of anxiety and disillusion. *Vie et aventures de Salavin*, a more challenging psychological study, depicts the ordinary man, tormented by his and society's shortcomings, striving for personal perfection and searching for a meaning to life without religious belief or guidance.

Duhamel travelled and lectured widely during the 1920s and 1930s, several of these experiences prompting substantial essays and reflections. In particular, *Scènes de la vie future*, which followed his visit to the United States in 1928, and *L'Humaniste et l'Automate* (1933) reinforce the ideas he had expressed at the time of the Great War. In these treatises he points to the dangers of mechanization, the perils of boredom and the reduction of physical effort, the threat of a dehumanizing science whose inventions have left man's moral development behind, the sacrifice of the individual to the State and the decline of personal sympathy and concern.[6] Duhamel firmly believed that man should control those forces which his own inventive genius had created and held that whenever man seeks to advance materially too quickly he is swept backwards, as if by some inexorable decree of nature, as he was in the Great War. While Duhamel is guilty, specifically in *Scènes de la vie future*, of making rash generalizations and an impatient, often uninformed assessment of American society, we must remember that his fears were shared by, amongst others, Jean Giono, H.G. Wells, Aldous Huxley and Karel Čapek. Nor should we forget Charles Chaplin's satire *Modern Times*. Now, half a century later, we may ruefully realize how relevant Duhamel's principal arguments were as we see the majority of his rational apprehensions coming true. Other significant treatises of the interwar period, during which Duhamel was elected to the Académie française, include *Défense des lettres* (1937) in which he defends the dignity and clarity of language and exposes the threat to it posed by contemporary civilization. He also feared that, with the abuse and encroaching ambiguity of language, man would become more vulnerable to political manipulation and deceit, and the advent of the Second World War and the systematic confusion of an entire national conscience were to confirm the dangers he had discerned and indicated in the early 1930s. It is not surprising that during the Second World War *Positions françaises, Lieu d'asile*, his journal of life in the hospital at Rennes, and, not insignificantly, *Civilisation*, that testimony of the first holocaust, were seized and burnt by the Germans.

In his several essays and novels written during the 1950s he maintained a traditional form and style and examined almost exclusively the ethical problems of faith, evil and the future, and it would not be unfair to state that, while respected, he was seen as a somewhat repetitious 'classique en voie de garage', for existentialism, *le nouveau roman* and new theatrical concepts understandably excited greater interest. Awarded the *grand-croix de la Légion d'Honneur* in 1962, Duhamel published his last work in the following year and, having retired to his country home at Valmondois, died there on April 13th 1966. On occasion sentimental, and not without arrogance, Duhamel, if not endowed with the instinctive imaginative power of the really great writers, is a humanist and moralist of enormous sincerity, warmth and percipience. The testimony he offers in many works, but in particular his enduring tribute to the spirit of the common man in *Vie des martyrs* and *Civilisation*, is of undiminished value, a fact acknowledged by Roland Dorgelès on Duhamel's entry to the Académie française:

> 'En pleine guerre, vos gants rouges de chirurgien à peine ôtés, vous avez eu le talent, la clairvoyance et le courage d'écrire ces livres magnifiques qui, avec *Le Feu* de Barbusse, devaient nous apprendre à ne pas désespérer de la conscience humaine. De ce jour-là, pour nous, vous aviez votre nom. Votre gloire. . . . Ce n'est pas le hasard, ô Duhamel! qui a placé sur votre cheminée des urnes funéraires. Le sort vous avait de tout temps désigné pour recueillir dans les vases d'argile la cendre de jeunes hommes, sacrifiés à des dieux infernaux.'[7]

### *VIE DES MARTYRS, CIVILISATION* AND OTHER WAR WORKS

During his fifty-one months at the Front as an army doctor Duhamel performed some 2000 operations and tended over 4000 wounded at Verdun and on the Somme. He performed his duties in appalling conditions, enduring great fatigue and severe fevers and experiencing with the soldiers the full horror of the world's first technological war. The sense of outrage and compassion, aroused by living and working amidst such agony, inspired him to write *Vie des martyrs* and *Civilisation*, from which the stories in the present edition have been selected. Duhamel wrote at night or at odd moments, jotting down his impressions and sketches on notepaper and sending them, once drafted, to his wife, Blanche, who presented them to their friend Alfred Vallette, the editor of the Mercure de France. The first group of nine stories, written between 1914 and 1916, was published as *Vie des martyrs* in 1917. *Civilisation*, comprising sixteen episodes, appeared in 1918 under the pseudonym Denis Thévenin and recorded in no small measure his experiences of the previous year; it was awarded the *Prix Goncourt*. Duhamel was disconcerted by the attention paid by critics to his style and literary technique, however, fearing that such academic praise seriously detracted from the intrinsic value of his human message. He had, for obvious reasons, already rejected the *Prix Femina-Vie heureuse*.

Both *Vie des martyrs* and *Civilisation* made a considerable impact when they appeared. It is clear that Duhamel sought primarily to represent the common man and, like Barbusse, to disprove the popular vision of a glorious or heroic war.[8] He never accepted as ordained the nobility of death in battle or the overriding call of patriotism *per se* which are conveyed, for example, by Bertrand in *L'Appel du sol*, and to him the view of war as a moral crusade and a source of national pride, maintained by such writers as Péguy, Psichari and Barrès, was a deceit. Theirs was nevertheless the view which held sway at the time, encouraged in the contemporary press by a growing spirit of national reassertion and constantly fostered by the belief that Alsace and Lorraine should be reclaimed. As early as 1902 Barrès, in *Scènes et doctrines du nationalisme*, had excited this kind of national pride and instinct for reprisal:

> 'Notre devoir, c'est de fortifier la France; peu importe le temps: ce n'est pas un élément qui compte dans la vie des peuples. Si vous créez une force, elle développera dans

> un délai quelconque tout ce qu'elle porte en elle. Si vous créez une France armée et organisée, vous pouvez être certains que de l'autre côté de la frontière, à l'instant que la politique aura choisi comme favorable, on entendra un immense cri d'amour s'élever vers la France faisant le geste béni d'appel.
>
> Quant à nous, il y a un devoir où nous devons persévérer utilement pour les annexés: c'est de développer et d'éclairer la conscience française, *de la fonder sur la terre et les morts.* Dans cette harmonie qui s'appelle la France, gardons sa place à la voix de l'Alsace et de la Lorraine. Il faut que nous continuions, malgré l'accident de 70–71, à considérer ces deux provinces comme des parties de l'organisme français.'[9]

In *La Croix de guerre* (1916) Barrès is aggressively specific, calling for 'l'amoindrissement et le dépècement de l'Empire allemand'[10] and Duhamel, even in the worst moments of war, would have found such exhortation abhorrent. Nor would he have accepted a passage such as that in Psichari's *L'Appel des armes*, in which the calls of religion and battle are united when a young Frenchman prays to God for the strength to kill for an ideal:

> '. . . faites que j'aie la foi des soldats, Dieu des armées! . . . daignez voir que je ne suis pas mauvais et que moi aussi, je suis digne de mourir pour une idée. Envoyez-moi dans les pays lointains des Infidèles, sur des champs de bataille ensoleillés, et donnez-moi alors la tranquille bravoure des vieux soldats. Faites que je sois fort, et que je tue beaucoup d'ennemis, et que j'aille . . . dans le perpétuel étincellement de la lumière. Si vous le voulez, Seigneur Dieu, donnez-moi la grâce de mourir dans une grande victoire et faites alors que je voie au Ciel votre splendeur!'[11]

Yet such sentiments found great favour and Monseigneur Alfred Baudrillart, in his preface to the 1919 edition of

*L'Appel des armes*, praised Psichari explicitly for having furthered the union of 'le sabre et le goupillon' and for having understood 'le rôle moral et civilisateur de l'armée'. Duhamel never saw the army as a faith, nor war as a means of correcting moral decadence. He would undoubtedly have agreed with Barbusse who, in *Carnet de guerre* (1915), rejected the argument of a just war and denounced nationalism as the real cause which,

> 'pareil à l'homme qui fume parce qu'il trouve ça beau, jette ses allumettes dans la paille, se débat des flammes et réfléchit à des systèmes de pompes perfectionnées pour éteindre les incendies qui éclatent de temps en temps chez lui.'[12]

Duhamel consistently emphasizes the dehumanizing effect of mechanized destruction, whatever the cause, and denounces by illustration the butchery of war. He leaves the evidence to speak for itself, conscious that philosophy or discourse would weaken his portrait. He thus avoids intellectual dialogues like those found in Bertrand's novel and those which Barbusse at times incongruously puts in the mouths of his soldiers in *Le Feu* and, although he might have included such reflections, he does not analyse the causes of war in *Vie des martyrs* and *Civilisation*. Nor does he share the ideological and political convictions of Barbusse, who interpreted war as an expression of class oppression, and in this is closer to Dorgelès, whose work *Les Croix de bois* was written in 1916 and not published till three years later. Like Dorgelès and Barbusse, however, Duhamel was writing under the immediate impact of war and it is understandable that his reaction to it should be deliberately more emotional than analytical. He therefore eschews examination of cause, and it is left to those writing after the war, such as Alain in *Mars ou la guerre jugée* (1921) and Elie Faure who, like Duhamel, was a doctor at the Front, in *La Danse sur le feu et l'eau* (1920), to provide a more intellectual interpretation of cause and effect. Duhamel's own analysis, as already seen, would be provided in *La Possession du monde* and *Entretiens dans le tumulte*. Only in the short concluding vignette, 'Civilisation', from which the second collection derives its title, did Duhamel touch on the cause of war and man's future. In the other stories in *Vie des martyrs* and *Civilisation* he appeals directly to the reader's sense of moral outrage and emphasizes the general carnage and personal courage he witnessed. Nevertheless, despite the horrors described in certain episodes and the frequent accounts of the sacrifice of life, limb and future, it is difficult not to agree with John Cruickshank who considers that, by comparison with Barbusse, Duhamel 'stands for classical *mesure* in his literary response to catastrophe'.[13] There is certainly no evidence whatsoever of sensationalism or prurience in these stories and, ever restrained, Duhamel suggests rather than describes in lurid detail. It is from a firmly humanistic viewpoint that he writes *Vie des martyrs* and *Civilisation*. Man has, in his judgement, momentarily rejected proper criteria and values, and the advance of science, unaccompanied by spiritual and humane considerations, is held to be largely responsible for the cataclysm.[14] At no point does Duhamel share Elie Faure's concept of war as a biological necessity exorcizing passions nor, however, does he share pacifist sentiments such as those in Leon Werth's *Clavel soldat*.

Although at first sight it may seem a source of fruitful literary response, the Great War imposed certain restrictions on potential novelists. Some hesitated on grounds of conscience to portray the agony of their fellows in an artistic, and thus artificial, form; others, with justification, felt unable adequately to convey to readers far removed from the carnage the unspeakable suffering of the experience itself; even those who strove to describe the war inevitably saw it from one, often unchanging, viewpoint, framed by their restricted knowledge of events and people. Experience of the war imposed certain limitations on the scope and form of imaginative writing. Even when a writer had resolved the initial moral dilemma of whether or not to write, the tension between the stark truth of the war, as the writer perceived it, and the stylized form of its expression had a restricting effect on orginality in fiction. Most of those who wrote of the Front were content to represent events honestly and sought to force the reader to contemplate their own perception of reality and to provoke in him as deep an emotional response as possible. This, as seen above, is Duhamel's intention in *Vie des martyrs* and *Civilisation*. He seeks to engage the reader's feelings immediately and his emotional style is admirably suited to his design in these two works. While clarity is perceived by many of Duhamel's contemporaries as the major stylistic strength of his work as a whole,[15] one might note in these stories a tendency to use language lyrically rather than analytically and, throughout, the descriptive quality of the writing is reinforced by his abundant and emotional use of repetition, rhetorical questions, exclamation marks, and the deliberately sentimental phrase or extended protest:

> 'Sainte chair humaine, substance sacrée qui sers à la pensée, à l'art, à l'amour, à tout ce qu'il y a de grand dans la vie, tu n'es plus qu'une pâte vile et malodorante que l'on prend entre les mains avec dégoût: pour évaluer si, oui ou non, elle est bonne à tuer!'
>
> (p. 163)

He also frequently uses the device of direct address to the reader:

> 'Allez voir Grégoire qui ne sait donner que sa souffrance et qui a failli donner sa vie.
>
> Si vous partez sans un sourire à Grégoire, craignez d'avoir méconnu votre tâche. Et n'exigez pas qu'il vous rende votre sourire: quelle serait alors votre libéralité? (p.87)

Like Barbusse, he can reproduce effectively, but never condescendingly, the speech of the common soldier just as he can accurately portray the language of a doctor, officer or German prisoner. For the purposes of authenticity he includes military terms. Duhamel's skill with dialogue is particularly noticeable and his narrative is invariably moved along briskly by this means. He deftly uses dialogue to illuminate character but he allows no protagonist time to philosophize and thus weaken the impact of a specific episode. The stories in the two collections, with few exceptions, are distinguished by concision and impressionistic strength, essential qualities in the genre. It is perhaps invidious to compare them with the chapters in Dorgelès' *Les Croix de bois*, but they gain by being shorter. Although brevity imposes certain sacrifices, such as dramatic tension perhaps, Duhamel creates a remarkable range of principal and secondary characters and portrays a wide spectrum of emotions in a limited space.

Most of Duhamel's imagery is drawn from observation of nature and it must be admitted that it can be uneven and some of his similes may strike us as banal or strained. Thus, after a remarkably successful simile to describe a patient, Cousin, Duhamel almost immediately disappoints us with a second in which Cousin 'faisait songer à un fruit travaillé par la vermine' (p. 113). Today's reader may well find several other examples of Duhamel's contrived similes, and he might profitably consider why Duhamel at times goes to such lengths. There is no doubt that his sense of outrage is conveyed powerfully in many of his images and he works these deliberately to sentimental effect, although not always with unqualified success. In his instinctive rather than analytical presentation there is no sustained attempt to respect balance, for Duhamel intends his reaction of horror to remain uppermost in our minds. One or two passages may also seem intrusively epic in diction; again this is to heighten the emotional impact: 'Des campagnes défigurées où le canon règne jusqu'aux montagnes du Sud, jusqu'à l'Océan, jusqu'au rivage étincelant de la mer intérieure, le cri des hommes blessés retentit à travers le territoire et, de par le monde, un immense cri semblable s'élève et lui répond' (p. 39). It is for the reader to decide how successful such passages are in the context.

Generally, however, Duhamel controls these literary devices closely, recognizing that they would otherwise give the work an unacceptable artificiality. Above all it is the torment of war and the grandeur of the human spirit in adversity which Duhamel captures and, even if he omits tragic circumstances like desertions and executions and the frequent boredom of life at the Front, which other writers recall, he provides in this chronicle a most moving and sustained testimony which has lost little of its emotional power today.

## ANALYSIS OF THE SELECTED STORIES

Of the twenty-five separate stories and reflections in the original collections, this edition presents fourteen. These may be categorized broadly into three groups: vignettes and reflections; stories critical of authority and bureaucracy; studies of individual patients.

### Vignettes and reflections

Duhamel's love of France and the lyrical, often sentimental, style he adopts are in most concentrated evidence in three pieces, *A travers le territoire, Visage* and *Dans la vigne*. These might, by their absence of narrative, perhaps best be described as vignettes, for Duhamel uses them to reflect on the turmoil brought to civilian life by the war. He reveals his taste for epic expression in the opening two paragraphs of *A travers le territoire* and his evident outrage at the transformation wrought in the life of ordinary folk invokes the reader's emotion. Here Duhamel effectively and characteristically challenges the reader with two direct questions: 'Etes-vous sûrs de les reconnaître? Vous qui venez de les regarder, êtes-vous sûrs de les avoir vus?' (p. 40).

In *Vie des martyrs* and *Civilisation* Duhamel sets himself the task of interpreting the common soldier to those whose view of war, he fears, is sentimental and whose understanding of men at arms is warped. This is the *raison d'être* of the stories. The last, exhortative paragraph of *A travers le territoire* is an emotional summary of Duhamel's objective in both works.

In *Visage* Duhamel first provides a telling and sensitive description of a *poilu* in the train, and then uses dialogue economically to illustrate the soldier's view of military hierarchy ('on nous fera sans doute faire encore une bêtise avant le printemps' (p. 92). Patriotic, rather mawkish, praise of the French spirit is a frequent feature of Duhamel's writing and the final, rhetorical question reveals once more his predilection for epic imagery.

*Dans la vigne*, an extended portrait of an old lady in a vineyard, whose sacrifice – two sons killed in action and a third mutilated – clearly symbolizes that of the French nation, shows Duhamel's identification with, and compassion for, the suffering peasantry. The opening geographical references and the careful reproduction of uneducated speech in the dialogue between the old lady and the soldiers lend the work a poignant realism and immediacy. Here, too, brief glimpses of Duhamel's lyrical style remind us of his early poetic writings and he provides some studied images: 'Cheveux au vent, la vieille se reprenait à jeter de la cendre, comme une semeuse funèbre' (p. 122).

The concluding paragraph, with its panorama of the countryside, shows discreet poetic control and Duhamel points to the labours of civilian and ageing France. Restrained and apparently spontaneous, the vignette is all the more effective as an indictment of the destruction of war.

In most respects *A Verdun* must be considered the work closest in approach to the documentary. There is no attempt to concentrate on one individual's case, despite a brief portrait of Tailleur, the nurse, and Duhamel provides principally a general description of hospital conditions at the Front, adopting an unusually stark approach, not sparing the reader details of suffering, inadequate hygiene and the persistent sense of danger and fear and carefully restricting dialogue and comedy. Here, too, may be found a sympathetic reference to the German prisoners and a succinct statement of a doctor's awesome responsibility: 'En une seconde de réflexion efficace, il fallait entrevoir et peser toute une existence d'homme, puis agir avec méthode et audace' (p. 65).

By its general nature and its absence of a specific narrative *A Verdun* must be classified as a vignette, but it provides the most substantial and sombre representation of life at the Front, calculated to dispel the myths enthusiastically purveyed at a safe distance from the scenes of agony described here.

Placed at the end of the collection, *Civilisation* is the reflection which most overtly conveys Duhamel's philosophy and his interpretation of war and human progress. Its final message is that, amidst the carnage, love alone will guarantee humanity's development, not material or industrial benefits, and it is in the story's concluding line that the author reveals the humanism for which he is renowned. The narrator who, as in a number of the stories, has a scientific background must, of course, be closely identified with Duhamel, for despite the deliberately familiar style of address, he shares the author's distrust of industrial life and mechanization and casts a jaundiced eye on the moral decline of Europe and the lost purity of language. Duhamel's hatred of a civilization in which machines and scientific advance have been permitted to subjugate human conscience is nowhere more potently expressed than in the commentary, and the Malgaches are discreetly used by Duhamel as a means for objective appraisal of the moral chaos into which western civilization has been plunged. Only the surgeon can provide a corrective to the folly and evil of the age, only he can 'annuler un peu du mal immense engendré par l'âge des machines' (p. 171). Hope, then, is held less perhaps in the surgeon's hands than in his heart: 'Il était penché sur sa besogne avec une application où, malgré l'habit, la cagoule, les gants et tout l'appareil extérieur, on démêlait de la tendresse' (p. 172).

Medicine, Duhamel avers in this story, remains the antidote

to our insanity and, like music and the arts, acts as a healing agent not only physically but morally, since it is an expression of love for one's fellow beings. In a world which is described here as 'confus, incohérent et malheureux', true civilization and the future of mankind can only be guaranteed by love and defined by the genuine values of humanism. Simplistic as this conclusion may well seem to many of his readers today, as it did to subsequent writers and commentators, Duhamel's fundamental message was to remain unchanged during the next fifty years of his life.

### Authority and bureaucracy

Duhamel revealed sharply critical and, indeed, satirical gifts in his writing from time to time and could mount his own devastating attacks on human foibles and injustice. In *La Dame en vert, Le Cuirassier Cuvelier* and *Les Maquignons* he exposes the insensitivity of bureaucracy and the absence of concern which those in authority all too frequently betray. All three stories illustrate Duhamel's identification with the soldier, rather than with the military and civilian hierarchy, and show to good effect his use of black humour and irony and his distrust of an administration more concerned with numbers and the salving of conscience than with suffering individuals. He is arguably at his best in this vein in *La Dame en vert*, not only by virtue of his portrait of the pathetic Rabot, but in his mockery of the incongruously poetic and inappropriately patriotic language of the *dame en vert* herself. It is true that Gossin, with his kind pretence designed to spare Rabot's feelings, shows some alleviating sense of sympathy, unlike most others in authority, but Rabot's unstoppable laughter, which continues long after the *dame's* visit is over, is a fitting commentary on the chasm which, for much of the war, separated civilian theory and patriotic ardour from the horror of reality. There is in Rabot's laughter the echo of hysterical despair which Duhamel shared.

In *Le Cuirassier Cuvelier* M. Poisson is perhaps a rather

more humane bureaucrat. He is rightly preoccupied with the proper identity of the corpse, but this preoccupation has a disturbing conclusion as the supposed German, conveniently found as an administrative solution, is buried without due honours. The ignominy endemic in war is nowhere more poignantly illustrated. In this story Duhamel makes appropriate and repeated use of black humour – 'ce n'est pas une vie que de remuer des morts toute la journée' (p. 148) – of the more deeply macabre, of a more relaxed, colloquial style and of a narrator less obviously academic than most of his others. This narrator feels some sympathy for the beleaguered M. Poisson, and the administrative panic caused by the unidentified corpse has a certain comic vitality of its own, but the overall and enduring impression is nevertheless one of intense tragedy.

No humour of any kind alleviates Duhamel's unpleasant portrait of man's purely physical value in war presented in *Les Maquignons*. As the flower of French youth is massacred at the Front, the older and less healthy must be reconsidered for active service: 'Depuis longtemps il ne reste plus, sur le van du métayer, que la menue paille et la poussière; et c'est ça que, d'une main avide, il fouille encore pour y chercher quelques grains épars' (p. 159).

As he often does, but here more effectively perhaps than anywhere else, Duhamel uses the pathetic fallacy, as well as imagery and symbols drawn from nature and the land. At least one passage is worthy of Giono: 'Le vent s'engage entre les bâtiments, tourne sur lui-même et s'affole comme une bête sauvage prise au traquenard' (p. 157).

The insensitivity, the violation of privacy, the brutal prodding and evaluation of sinew and flesh are carefully portrayed by Duhamel, whose horror is unconcealed. As the title of the story suggests, men are seen as mere cattle: 'Un gendarme les compte par douze, comme des fruits ou des bestiaux, et les pousse dans la grande salle où se passe la chose' (p. 158).

The smells, the shame and the fear which surround the

medical examination are grotesquely and deliberately emphasized and Duhamel's protest on behalf of human dignity becomes unrestrainedly overt and characteristically emotional at one point: 'Sainte chair humaine . . . bonne à tuer!' (p. 163).

Duhamel's indictment of war, as he observes how rapidly it deforms our values and debases human dignity, is nowhere more apparent than here, although the desecration of man in war is his central theme.[16] The concluding sentence is a bitter statement of his disgust and pessimism: 'Le monde entier sent le brouillard et le vomisssement' (p. 163).

## Individual patients

### *Le Sacrifice*

The story of Léglise, the young corporal whose injuries entail the terrible sacrifice of both his legs, is, like many amongst Duhamel's anecdotes in *Civilisation* and *Vie des martyrs*, one of ultimate hope in humanity's will to survive. The emphatic moral of *Le Sacrifice* is that however atrocious the agony - even when it is accompanied by loss of limb - life is better than death. Like Cousin, and other patients suffering similar pain, Léglise resolutely clings to his sense of humour and is in no small degree sustained by his own concern for his fellows, notably Legrand. Thus, as he moves from his initial wish to die, rather than sacrifice a second leg, to a real desire to live, Léglise comes to symbolize human charity and resilience. *Le Sacrifice* is undeniably one of Duhamel's most emotional narratives, containing frequent exclamation marks, invocations, the repetition of words for sentimental or rhetorical effect and direct addresses and appeals - in a style most today would find mawkish - both to the reader and to Léglise himself, yet it moves us with remarkable power and provides more than one example of Duhamel's writing at its best. Duhamel's own position as interpreter is evident here and he makes no attempt whatsoever to appear objective or restrained: indeed, it is from this very emotional commitment that the story draws its strength. Duhamel uses dialogue with an appropriate urgency and concision, perfectly conveying Léglise's anxiety and uncertainty. There are, too, some interesting stylistic features in this story for Duhamel uses a more overtly poetic approach than usual, strikingly establishing the value of simile in the opening paragraph: 'les tours de la cathédrale, assise encore comme un lion agonisant au milieu de la plaine de Reims' (p. 41). Personification is also used and death assumes thereby a particularly vivid role:

> La mort, qui s'était étendue sur tout le corps comme sur un pays conquis, s'est retirée, cédant peu à peu le terrain; mais voilà qu'elle s'arrête: elle s'accroche aux jambes, elle ne veut plus les lâcher: elle réclame quelque chose en partage; elle n'entend pas être frustrée de toute sa proie. Nous lui disputons la part qu'elle s'est choisie.[17]
>
> (p. 43)

Duhamel also provides a rare example of an extended pathetic fallacy:

> Tous les peupliers se mettent à remuer leurs feuilles. D'une seule voix, qui est la voix même de l'été, ils disent: 'Non! Non! Il n'a pas raison.'
>
> Un petit scarabée traverse le chemin devant moi; je l'écrase à moitié par mégarde, mais il prend une fuite éperdue. Il a dit aussi à sa manière: 'Non, vraiment, ton ami n'a pas raison.'
>
> Dis-lui qu'il a tort!' chante l'essaim des bêtes qui bourdonnent autour du tilleul.
>
> Et même un long coup de canon qui traverse toute la campagne en grognant, crie, lui aussi: 'Il a tort! Il a tort!'
>
> (p. 48)

Nature is often seen as an indifferent witness to human cruelty in these war stories and Duhamel refers to this position in the third paragraph of *Le Sacrifice*: 'une de ces journées où l'indifférence souveraine de la nature fait plus cruellement sentir le fardeau de la guerre'; yet in this particular story he involves it fully, lending it additional sensitivity to the suffering of Léglise, whose mutilation also gives Duhamel an opportunity to make poignant use of black humour:

> Aujourd'hui, nous avons ri, je vous l'assure, nous avons bien ri, Léglise, les infirmiers et moi. Nous causions de sa pension future, en préparant le pansement, et quelqu'un lui a dit: 'Tu vivras comme un petit rentier.' Léglise a considéré son corps et a répondu en souriant: 'Oh! un bien petit rentier; un tout petit rentier.' (p. 53)

Duhamel expresses his dislike of hierarchy and officialdom on several occasions in these stories, but the officers in *Le Sacrifice* are less often objects of his wrath and the General is revealed as a man of compassion and concern. Some might consider the story's sustained sentimental tone cloying, while others might criticise the artificiality of the language used by the narrator when seeking to convince Léglise of his heroism, and here it might justifiably be argued that Duhamel resorts unusually to inappropriate academic diction. Notwithstanding such criticism, however, *Le Sacrifice* emphasizes man's spirit and generosity, as well as his attachment to life amidst the greatest suffering, and it is this inspiring view that Duhamel would wish his readers to share.

*La Grâce*

Not every patient in Duhamel's recollections is a '*bon blessé*', able to suffer with grace. Grégoire woefully lacks this capacity and, like his comic namesake in another of Duhamel's stories to appear fifteen years later,[18] would to most be a figure of ridicule and scorn. Yet Duhamel pleads with great conviction for our understanding of those who find physical pain impossible to endure. The succinct representation of Grégoire's fear shows not only Duhamel's trained powers of observation but his immediate human sympathy: 'Dès son entrée dans la salle de pansements, Grégoire blêmit un peu et la sueur perle sur son front. Sa rude barbe fauve tremble, poil par poil' (p. 79). The description of Grégoire's fear as the narrator dresses his wound could scarcely be more sensitive or the analogy more apt:

> 'Grégoire s'y prend mal. Il fait songer aux enfants qui ont si peur des chiens qu'ils sont destinés à être mordus. Grégoire tremble tout de suite; les chiens de la douleur se jettent sur l'homme sans défense et le terrassent.' (p. 81)

While Auger, his fellow patient, who like so many in these stories is destined to lose a leg or foot, wins the affection and rewards of all the staff and reveals that quality of cheerful stoicism exemplified by Léglise, Cousin and others, Grégoire can react only with aggression and recrimination, ironically alienating the sympathy of those around him whose support he needs. Such is the fate of some. Yet Duhamel makes no social distinction between the patients, selecting them from the same class and faithfully reproducing the same typical features of speech. Nevertheless, he makes us aware that men are essentially different, that they react individually and do not face pain or even death on an equal basis. In sharp contrast with Grégoire, Auger symbolizes human hope:

> 'Il a une figure qu'on ne peut regarder sans contentement. Le teint est vif et chaud, les cheveux drus, un peu bouclés. Une moustache d'adolescent, un menton bien rasé, divisé par une fossette pleine de gaieté, des yeux qui semblent ouverts sur un paysage souriant, habité par des eaux courantes et du soleil.' (p. 83)

Moreover, salutary as this reminder of our inequality before pain is, Duhamel also discerns that the public is subconsciously comforted by those like Auger, for his buoyancy effectively anaesthetizes the reality of suffering at the Front; Grégoire disconcerts, however, for in his agony and absence of confidence the romance of war is denied. To intensify his points, Duhamel once again resorts to invocation and to a direct, perhaps overbearing, address to the reader, but despite these stylistic defects his plea for understanding is moving. The minor characters, the stretcher-bearers and Groult, show his fine eye for the salient feature and, with the sergeant's song, add colour and incidental, contrasting amusement to this study. But, underlying this relief, we sense Duhamel's at times angrily unconcealed outrage at the theoretical, detached view of protected intellectuals and analysts:

> Vous tous, messieurs, qui vous réunissez pour parler des causes de la guerre, de la fin de la guerre, de l'usure des effectifs et des bases de la société future, excusez-moi de ne point vous donner mon opinion sur ces graves questions: je suis vraiment trop occupé par la plaie de ce malheureux Grégoire.
>
> Elle n'est pas satisfaisante, cette plaie, et, quand je la regarde, je ne peux plus penser à autre chose: les cris du blessé m'empêcheraient d'envisager assez tranquillement avec vous les conditions de la grande bataille et les résultats d'un remaniement de la carte d'Europe. (p. 85)

The study provides a skilful juxtaposition of reactions, a brief but varied range of characters and a sensitive balance of pathos, anger and humour.

### *La Troisième Symphonie*

While Duhamel does not provide many anecdotes relating specifically to the enemy in either *Vie des martyrs* or *Civilisation*, when he does so it is either to emphasize man's shared suffering and identity or, as in the case of *La Troisième Symphonie*, to point to his common heritage and the artificial divisions imposed by national and political interests. Although *La Troisième Symphonie* is a comparatively slight study in some respects, in it Duhamel shows how culture, and in particular music, can act as a unifying force, despite the antipathy engendered by war, and he discerns its capacity to dismantle those barriers erected by language and by national pride and propaganda. Duhamel attached great importance to music and it was while at the Front that he took up the flute. His writings include frequent references to music and in this story it assumes a central significance for the cold, enclosed personality of Feldwebel Spät, which Duhamel portrays skilfully from the opening paragraph, is momentarily transformed by his recognition of the symphony the narrator is whistling as he changes the bandage. The tender care of the doctors, described in the second paragraph, ironically fails to arouse in Spät any feelings of gratitude or satisfaction, whereas art fleetingly unites two warring nations: 'Pardessus l'abîme, un frêle pont venait d'être tendu soudain' (p. 90).

Duhamel's faith in the universal bond forged by culture is succinctly exemplified. Sadly, however, the transforming power of music cannot survive under the pressure of the prisoner's instinctive fear and distrust and the story ends on an unusually pessimistic note as Duhamel returns to the tragic division caused by war.

Short as this episode is, it impressively reveals some of Duhamel's qualities as a writer: the moral is clear and the realism of Spät's stilted, rather imperious, French shows the author's ear for dialogue. As in *Le Sacrifice* and other stories, the grimly irrevocable agony of amputation is seen as a fear common to friend and foe. That fear, expressed in Spät's anxious question: 'Pas couper, monsieur, n'est-ce pas?' and the unexpected crack it reveals in his psychological façade, are intimated but not over-emphasized. Suffering is a bond between men and in portraying Spät's struggle with pain Duhamel uses a characteristic image drawn from nature – 'Il geignait seulement, avec le "han!" sourd d'un bûcheron qui abat la cognée' (p. 90) – concisely capturing the man's pride and courage.

Like the vignettes, *La Troisième Symphonie* shows not only Duhamel's sensitivity to human feature, posture and reaction but his capacity for using circumstance and description in a telling, economical way to convey a limited, but important, message.

*Le Lieutenant Dauche*

The bonds of friendship which war can unexpectedly forge is the moving theme of *Le Lieutenant Dauche*. People, who in civilian life are often divided by class, education and regional differences, in war are thrown into haphazard juxtaposition. Duhamel notes, somewhat sadly, the impoverishment which social prejudice normally inflicts on civilian life and the sudden, albeit fleeting, enrichment of wider acquaintance enforced by war:

> Quelques jours passèrent, comblés par tout ce qu'il y a de chaleureux et d'éternellement jeune dans la naissance d'une amitié. La guerre, entre mille misères, nous a fait éprouver celle de vivre parfois en la société de gens qu'au temps de la paix nous eussions soigneusement éloignés de notre chemin. (pp. 95–6)

It must be said that Dauche and the narrator are not themselves of different class or region, since both are from Lille, and Dauche is an industrialist and the narrator, if not Duhamel himself, can be seen from his familiarity with Saint-Simon to be a person of education. Literary references are rare in Duhamel's fiction. Some might argue that, with the exception of *Le Cuirassier Cuvelier* and *Amours de Ponceau*, the stories in both *Civilisation* and *Vie des martyrs* are limited by Duhamel's always using a powerfully and deliberately autobiographical narrator who represents an unvaried social and cultural standpoint; others might consider such continuity of judgement and perspective necessary. The narrator in *Le Lieutenant Dauche* displays considerable sensitivity and no little insight as regards the nature of friendship and motive. He and Dauche, who has suffered a head injury which, unknown to him, may prove fatal at any moment, form a deep friendship. So involved does the narrator become that he compares his feelings to those of the mother caring for her sick child: 'Je me mis à éprouver toutes les transes des femmes qui soignent un enfant malade et interprètent avec désespoir les moindres signes, les incidents les plus bénins' (p. 106). Duhamel's medical experience is obvious here and, above all, his recollection of his own mother's attitude.

Dauche's courage is of a kind which would have stirred patriotic feelings at such a time: 'il faut défier l'avenir si l'on ne veut pas être réduit à le redouter', and the richness of the friendship shows how far human sensitivity and abnegation can go: 'je vivais pour lui les affres de la mort' (p. 107). But, at the same time, Duhamel gives the bond an interesting dimension, for below the surface of genuine affection, he descries the curious, destructive force of limited patience and endurance and even perhaps of incorrigible egotism. The narrator, knowing Dauche's impending fate, is unconsciously drawn to him by a strange sense of doom and even by a desire for Dauche's death – possibly to see his suffering end but also to free himself from the burden of responsibility: 'je devinai avec horreur que mon âme malade n'attendait pas seulement la chose inévitable, mais qu'elle la souhaitait' (p. 108).

When Dauche is finally struck down, the narrator first of all feels revulsion: 'je n'avais rien vu de si laid et de si bestial', and his inactivity seems callous: 'je ne fis pas un geste. Je laissais travailler la mort et j'attendais qu'elle eût achevé son œuvre'. Only when he has pulled himself together do his friendship and tenderness for Dauche reassert themselves. It is clear from the story's conclusion that the narrator's affection for Dauche was sincere, but at the same time, Duhamel seems gently but perceptibly to be pointing to man's inherent isolation and the limitations of human sympathy and endurance. It is entirely appropriate that such a story should be unrelieved by any humour.

### *Les Projets de Cousin*

*Les Projets de Cousin* is among the most simple and moving of all Duhamel's stories; in it the destruction of personal aspiration brought by war is set against the human spirit and optimism which Duhamel discerned as our means of salvation. Cousin, an antique dealer no longer in his first youth and the father of two sons, has lost a leg as Duhamel is quick to let us know in Cousin's first sentence. Cousin's description of his civilian occupation is full of verbs like *dégringoler l'escalier, sauter, ressauter, filer* and *trotter*, which heighten the tragedy of his present situation. Duhamel sees in Cousin's pained and courageous smile an image of France and admires his indomitable optimism and enthusiasm; in a rare and touching academic aside he comments on Cousin's use of tense: 'Jamais de verbes à l'imparfait, mais un éternel et miraculeux présent' (p. 112).

As in all Duhamel's stories and vignettes the horror of suffering is highlighted with stark images drawn from nature: the blood which has seeped through the bandage is 'comme la rosée du matin sur les feuilles du chou' (p. 113).

The end of the story is all the more moving for its restraint. Although Cousin loses his battle for life, the reader is left with an enduring impression of hope, which is reinforced by the vitality of Cousin's speech and his vigorous faith in the future.

### *Amours de Ponceau*

The narrator in *Amours de Ponceau* is a patient, a wounded *poilu*, and in this story Duhamel's qualities as a writer are admirably illustrated. He re-creates the particular hospital atmosphere with accuracy, sympathy and humour. The reader is drawn into the situation and quickly gets to know Ponceau. The narrator's language is unpretentious, direct and relaxed and, once our sympathy is engaged, the careful use of uneducated speech increases our sympathy with Ponceau. As he so often does, Duhamel provides a varied range of minor personalities – nurses, orderlies, *le rouquin* L'Algérien, Coupé, Guyard – all of whom, often in no more than a line or two, lend colour and humanity to the story and at the same time convey some of the author's central themes. Most importantly, they form a real world which captures the reader's imagination and holds his attention.

It is worth pointing out again how difficult it was for those writing about the Great War to bring home to their readers the reality of the suffering. Language itself was inadequate to express the horror of mutilation, and most writers lapsed into an artificially literary diction or bland abstraction. Nor was the knowledge, imagination or disposition of the contemporary reader necessarily conducive to sensitive interpretation. Nevertheless, Duhamel seeks to convey the reality of personal suffering: there are several painful examples of the physical consequences of battle, although the agony is to some degree mitigated by the humour, the love and the dominant message of hope. Not that the final moral or the hint that Ponceau's libido is restored, change Duhamel's view of the world's inhumanity. There is bitterness in the observation on man's exploited status as raw material for war, generation after generation: 'Les mutilés doivent encore quelque chose au pays: ils lui ont donné leur sang, qu'ils lui donnent maintenant des fils!' (p. 139) and in Guyard's comment that a man is a mere agent for reproduction: 'Chaque fois qu'en coupant une jambe je sauve un homme je pense d'abord à la race: ce gaillard-là reste un bon reproducteur' (p. 139).

He is as ironic about Mme Prosteanu and her well-intentioned gift to Ponceau as he is about Joseph Pasquier in *La Passion de Joseph Pasquier*;[19] and one again senses that the author is permanently and wholeheartedly on the side of the simple soldier whenever petty regulations or rigid hierarchy intervene to complicate his existence. Duhamel extracts fine comedy from Guyard's pompous medical address: 'L'instinct génésique, mesdames . . . à procréer' (p. 141) – he was well qualified to mimic such language –

and can temper his description of administrative minutiae with a diverting turn of phrase when he chooses. Similarly, the mild but welcome comedy provided by M. Potocki and the succinct portrait of Mme Potocka do much to alleviate the agony of the situation. Duhamel rarely makes his hospital patients use highly charged, literary language, but there are two descriptions – one of the narrator's arm: 'je voyais mon bras . . . montagne' (p. 124) the other of Ponceau's leg: 'la malheureuse jambe . . . pantin mal ajusté' (p. 135) – which show the stylistic heights he can rise to when he so wishes. There are few more evocative or succinct indictments of war than the one we find in *Amours de Ponceau*:

> A chaque étage de l'hôtel, il y avait un large palier où les dames se réunissaient dès qu'elles avaient achevé leur travail. On entendait, là, parler de stratégie et de toilettes, de chirurgie, des bonnes oeuvres et de grands magasins.
>
> De beaux yeux, faits pour guetter la balle du tennis ou apprécier la nuance d'une écharpe, reflétaient désormais, avec une gravité résolue, la hideur des salles de pansements, des cuisses coupées, des crânes béants. De belles bouches habituées à manger des fruits rares et à former de gracieux mots d'amour prononçaient avec autorité les mots de 'désarticulation de l'épaule' ou de 'gangrène de la jambe'. La guerre n'avait pas transformé la vie: elle s'était ajoutée à la vie, elle l'avait augmentée, apportant des deuils, des frayeurs inconnues, des devoirs passionnants, une occasion tragique et romanesque de multiplier ses destinées.
>
> Mais, à travers ces coulisses de la guerre, sanglantes aussi et retentissantes du cri des hommes terrassés, un parfum de femme circulait qui n'avait pas changé, qui était toujours précieux, puéril et enivrant.
>
> (pp. 135–6)

What one retains above all from *Amours de Ponceau*, with its background of conflict and pain, is Duhamel's deceptively obvious message stated in the last two lines of *Civilisation*: 'La civilisation n'est pas dans toute cette pacotille terrible, et, si elle n'est pas dans le cœur de l'homme, eh bien, elle n'est nulle part.' The Great War was the most terrible in history, but what lingers in the reader's memory are Ponceau's moving bedside reunion with his wife, the nurses - with their solicitude, their careful preparations for Ponceau's outing - the delicately ambiguous and amusing end to the story, the author's understanding of man and of nature, his respect for life and the sanctity of love, which he invites us to share and develop if we are to avert further holocausts.

# NOTES TO THE INTRODUCTION

1 'L'homme est incapable de vivre seul et il est incapable aussi de vivre en société. Comment faire?' (*Le Désert de Bièvres*). A complete appraisal of the *Abbaye* experiment is to be found in this, the fifth volume of the *Chronique des Pasquier*.
2 Knapp, Bettina, *Georges Duhamel* (New York, Twayne, 1972), p. 175.
3 Genevoix, Maurice, 'Georges Duhamel et "Vie des martyrs" ', in *Georges Duhamel (1884–1966)* (*Collection ivoire*) (Paris, Mercure de France, 1967), pp. 21–5.
4 'Je dis qu'une grande partie des maux dont nous souffrons aujourd'hui provient de ce que la civilisation technique opprime, supplante et risque d'anéantir la civilisation morale, qui est la civilisation véritable' (*Positions françaises*, p. 170).
5 'Je n'emploie jamais, pour mon compte, l'expression de roman-fleuve mais bien celle, plus juste, de roman cyclique' (*Travail, ô mon seul repos!*, p. 66).
6 'Le suprême péril du machinisme c'est de tuer la sympathie et d'élever autour des êtres une muraille de solitude' (*L'Humaniste et l'Automate*, p. 99).
7 Dorgelès, Roland, 'Une tâche d'homme', in *Georges Duhamel (1884–1966) (Collection ivoire)* (Paris, Mercure de France, 1967), pp. 165–6.
8 'Ces deux admirables témoignages retiraient la guerre à sa légende, et peut-être était-ce ce que je souhaitais' (Jacques de Lacretelle, *Le Figaro Littéraire*, 21 April 1966).
9 Barrès, Maurice, *Scènes et doctrines du nationalisme* (Paris, Juven, 1902), p. 303.

10 Barrès, Maurice, *La Croix de guerre* (Paris, Emile-Paul Frères, 1916), p. 305.
11 Psichari, Ernest, *L'Appel des armes* (Paris, Louis Conard, 1919 edition), pp. 106–7.
12 Barbusse, Henri, *Carnet de guerre* (Paris, Flammarion, 1965), p. 306.
13 Cruickshank, John, *Variations on Catastrophe* (Oxford, Oxford University Press, 1982), p. 88.
14 As Duhamel indicated twenty-two years later, such an imbalance can and must be corrected if civilization is to survive: 'La Civilisation morale, que j'appelle civilisation véritable, n'est pas un fait pur et inaltérable, c'est le résultat d'un incessant travail de contrôle et d'analyse correctrice' (*Positions françaises*, p. 170).
15 'En style comme en morale, Duhamel appartient à la tradition classique française. La phrase est harmonieuse, très étudiée; la syntaxe, irréprochable. Il a beaucoup écrit sur la grammaire et attache une juste importance au choix comme à la place des mots. En toutes ces questions de métier, il a des scrupules de bon artisan. "Le principal, dit-il, est de se demander si ce que l'on vient d'écrire exprime exactement ce que l'on pense . . ." La clarté des textes est un signe de l'honnêteté des esprits. On ne peut écrire plus honnêtement que Duhamel, ni avec plus de respect du langage.' (André Maurois, 'Un écrivain, un médecin, un Français', in *Georges Duhamel (1884–1966) (Collection ivoire)* (Paris, Mercure de France, 1967), p. 19.)
16 Duhamel recalls this in his autobiography: 'Environ ce temps, le respect pour les choses de la vie était tombé fort bas. Nous nous donnions des peines infinies pour conserver toutes ces existences, à nos yeux si respectables, et dont on disposait ailleurs avec tant d'indifférence' (*La Pesée des âmes* (Paris, Mercure de France, 1949), p. 125).
17 Duhamel uses personification to splendid comic effect when describing the battle of cooking smells in the apartment block where the Pasquier family lives:
'Et l'on sait ce que l'on mange à toutes les altitudes. L'odeur de l'oignon grimpe comme une bête le long des marches. Elle furette, rôde, s'accroche à toutes les aspérités. Elle va réveiller le vieux garçon qui travaille la nuit durant et qui se lève à trois heures. L'odeur de l'oignon! Un trou de serrure lui suffit, une fente, un nœud du bois. On dirait qu'elle fait son

chemin à travers la brique et le plâtre. Mais l'odeur du hareng frit est farouche et plus puissante encore. Elle arrive, par paquets, comme une troupe d'assaut; l'odeur de l'oignon prend peur et lâche pied. L'odeur du hareng frit campera là jusqu'à demain. On ne la respire pas, on la touche. Elle est gluante et colle aux doigts.' (*Le Notaire du Havre* (London, Harrap, 1952), p. 64.(First published by Mercure de France, 1933).)

18 'Grégoire ou le nouveau malade imaginaire', in *Querelles de famille* (Paris, Mercure de France, 1932), in which Duhamel satirizes a man who suffers sympathetic pains for his car. It is in fact an example of Duhamel at his most amusing.

19 The tenth and final volume of the *Chronique des Pasquier*.

# BIBLIOGRAPHY


## MAJOR WORKS BY DUHAMEL

### Fiction

*Vie des martyrs* (1914–16), 1917.
*Civilisation* (1914–17), 1918.
*Chronique des Pasquier* (ten vols, 1933–45) (*édition collective*), 1947.
*Vie et aventures de Salavin* (five vols, 1920–32) (*édition collective*), 1948.
*Cri des profondeurs*, 1951.

### Essays

*La Possession du monde*, 1919.
*Entretiens dans le tumulte*, 1919.
*Scènes de la vie future*, 1930.
*Querelles de famille*, 1932.
*L'Humaniste et l'Automate*, Paris, Paul Hartmann, 1933.
*Défense des lettres*, 1937.
*Positions françaises*, 1940.
*Lieu d'asile*, 1940.
*La Musique consolatrice*, Monaco, Editions du Rocher, 1944.
*Travail, ô mon seul repos!*, Paris, Wesmael-Charlier, 1959.
*Problèmes de civilisation*, 1963.

*Autobiography*

*La Pesée des âmes*, 1949.

Apart from *L'Humaniste et l'Automate, La Musique consolatrice* and *Travail, ô mon seul repos!* all listed works by Duhamel are published by Mercure de France, Paris.

### WORK ON DUHAMEL AND WRITERS OF THE GREAT WAR

Cruickshank, John, *Variations on Catastrophe*, Oxford, OUP, 1982.
Falls, William, *Le Message humain de Georges Duhamel*, Paris, Boivin, 1948.
Humbourg, Pierre, *Georges Duhamel et son œuvre*, Paris, Editions de la Nouvelle Revue Critique, 1930.
Keating, L. Clark, *Critic of Civilisation, Georges Duhamel and His Writings*, Kentucky, University of Kentucky Press, 1965.
Klein, H.M. (ed.), *The First World War in Fiction*, London, Macmillan, 1976.
Knapp, Bettina, *Georges Duhamel*, New York, Twayne, 1972.
*Le Figaro Littéraire* (edition du 21 avril 1966), an obituary to Duhamel.
Mercure de France, *Georges Duhamel (1884–1966)* (*Collection ivoire*), Paris, 1967.
Picon, Gaëtan, 'Sur l'œuvre de Duhamel', *Mercure de France*, vol. 327 (May 1956), pp. 86–91.
Santelli, César, *Georges Duhamel. L'Homme et l'œuvre*, Paris, Bordas, 1947.
Simon, Pierre, *Georges Duhamel ou le bourgeois sauvé*, Paris, Editions du Temps Présent, 1947.
Terisse, André, *Georges Duhamel*, Paris, Fernand Nathan, 1951.
Thérive, André, *Georges Duhamel ou l'intelligence du cœur*, Paris, Valdemar Rasmussen, 1925.

### OTHER WORK OF THE GREAT WAR PERIOD

Alain (Emile-Auguste Chartier), *Mars ou la guerre jugée*, Paris, NRF, 1921.
Barbusse, Henri, *Le Feu (Journal d'une escouade)*, Paris, Flammarion, 1916.
Bertrand, Adrien, *L'Appel du sol*, Paris, Calmann-Lévy, 1916.
Dorgelès, Roland, *Les Croix de bois*, Paris, Albin Michel, 1919.
Faure, Elie, *La Danse sur le feu et l'eau*, Paris, Crès, 1920.
Psichari, Ernest, *L'Appel des armes*, Paris, Oudin, 1913.
Werth, Léon, *Clavel soldat*, Paris, Albin Michel, 1919.

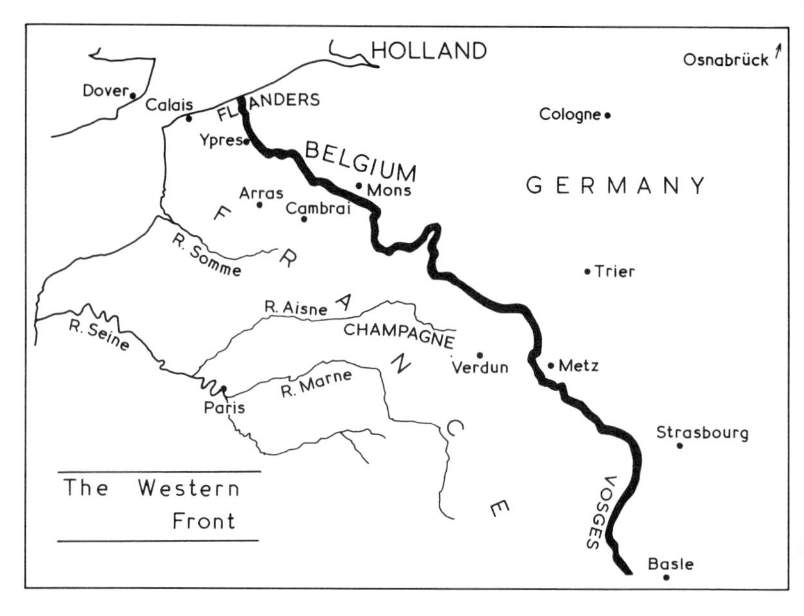


*Plate 1* The map of the western front is intended to convey a general impression only of the position towards the end of the war. The line changed at different times and places, sometimes only a little, sometimes a lot (to the Somme, to Verdun, to Champagne and back) throughout.

*Plate 2* Devant Verdun. Wounded soldiers in the mud of the trenches.

*Plate 3* Battle of Guillemont. A French waggon takes back some British wounded near Maricourt (where the French line joined the British) 28 August 1916.

*Plate 4* Field artillery on the way to the front.

*Plate 5* Duhamel the surgeon, in uniform, 1915.

# SOUVENIRS DE LA GRANDE GUERRE

# A TRAVERS LE TERRITOIRE

Des campagnes défigurées où le canon règne jusqu'aux montagnes du Sud, jusqu'à l'Océan, jusqu'au rivage étincelant de la mer intérieure, le cri des hommes blessés retentit à travers le territoire et, de par le monde, un immense cri semblable s'élève et lui répond.

Il n'est pas une ville française jusqu'où ne viennent saigner les blessures ouvertes sur le champ de bataille. Pas une ville française qui n'ait assumé le devoir de soulager une part de cette souffrance; comme elle porte sa part du deuil commun. Pas une ville qui ne puisse entendre, dans ses propres murs, un écho de la plainte majeure qui gronde et grandit là où le combat s'éternise. La guerre déferle sur toute la face du pays, et, comme le jusant, elle y sème des épaves.

Dans les lits que la piété publique a dressés de toutes parts, les hommes frappés attendent les décisions du sort. Les lits sont blancs, les pansements sont propres: beaucoup de visages sourient, jusqu'à l'heure où la fièvre les empourpre, jusqu'à l'heure où la même fièvre fait trembler un peuple de blessés sur le continent.

Quelqu'un est allé visiter les blessés et m'a dit: « Les lits sont en effet bien blancs, les pansements paraissent bien propres, ces gens jouent aux cartes, lisent les journaux, mangent des friandises; ils sont simples, souvent très doux, ils n'ont pas l'air trop malheureux. Ils racontent tous la même histoire . . . La guerre ne les a pas trop changés. On les reconnaît tous . . . »

– Etes-vous sûrs de les reconnaître? Vous qui venez de les regarder, êtes-vous sûrs de les avoir vus?

Sous leurs pansements, il y a des plaies que vous ne pouvez imaginer. Au fond des plaies, au fond de la chair mutilée, s'agite et s'exalte une âme extraordinaire, furtive, qui ne se manifeste pas aisément, qui s'exprime avec candeur, mais que je souhaiterais tant vous faire entendre.

A cette époque où rien ne ressemble plus à soi-même, tous ces hommes ne sont plus ceux que vous avez connus naguère. La souffrance les a réveillés de la douce vie et, tous les jours, elle les abreuve d'une redoutable ivresse. Les voici plus qu'eux-mêmes, et nous n'avions aimé que des ombres heureuses.

Ne perdons rien de leurs humbles propos, inscrivons leurs moindres gestes, et dites-moi, dites-moi que nous y penserons tous ensemble, à chaque heure du jour, maintenant et plus tard, alors que nous éprouverons la tristesse des temps et la grandeur du sacrifice.

# LE SACRIFICE

Nous avions fait ouvrir toutes les fenêtres. De leurs lits, les blessés pouvaient apercevoir, à travers les ondes dansantes de la chaleur, les hauteurs de Berru et de Nogent-l'Abbesse, les tours de la cathédrale, assise encore comme un lion agonisant au milieu de la plaine de Reims, et les lignes crayeuses des tranchées, hachant le paysage.

On sentait peser une sorte de torpeur sur le champ de bataille. Parfois une colonne de fumée s'élevait, toute droite, dans ce lointain immobile, et la détonation nous parvenait un peu après, comme égarée, honteuse d'outrager le radieux silence.

C'était une des belles journées de l'été de 1915, une de ces journées où l'indifférence souveraine de la nature fait plus cruellement sentir le fardeau de la guerre, où la beauté du ciel désavoue l'angoisse des cœurs.

Nous avions achevé notre service matinal, quand une voiture s'arrêta devant le perron.

« Médecin de garde! »

Je descendis les marches. Le chauffeur m'expliquait:

« Il y a trois petits blessés qui s'en vont plus loin. Et puis il y a de grands blessés. »

Il avait ouvert l'arrière de son auto. D'un côté, trois soldats assis somnolaient. On voyait, de l'autre, des brancards et les pieds des hommes couchés. Alors, du fond de la voiture, une voix sortit, une voix basse, grasse,* chancelante et qui disait:

« Moi, monsieur, je suis un grand blessé! »

C'était un adolescent plutôt qu'un homme. Un rien de* poil fol* au menton, un nez busqué, bien dessiné, des yeux sombres que l'extrême faiblesse faisait paraître démesurés, et le teint gris, terne des gens qui ont beaucoup saigné.

« Oh! Comme je suis fatigué! » dit-il.

Le blessé se tenait des deux mains au brancard pendant qu'on montait l'escalier. Il souleva un peu la tête, jeta sur les verdures, les belles collines, l'horizon embrasé, un regard plein d'étonnement, de détresse et d'abandon. Puis il se trouva tout à coup dans l'intérieur de la maison.

C'est ici que commence l'histoire de Gaston Léglise. C'est une bien modeste et bien triste histoire; mais, dites-moi, y a-t-il maintenant, au monde, des histoires qui ne soient pas tristes?*

Je la raconterai au jour le jour, comme nous l'avons vécue, et telle qu'elle est gravée dans mon souvenir, telle qu'elle demeure gravée dans ton souvenir et dans ta chair, n'est-ce pas, Léglise, mon ami?

*

Léglise n'a respiré qu'une goutte de chloroforme et il a connu tout de suite un sommeil qui côtoyait la mort.

« Dépêchons-nous, m'a dit le médecin-chef, ce pauvre enfant va rester sur la table. »

Puis il a hoché la tête en ajoutant:

« Deux genoux! Deux genoux! Quel avenir! »

C'est une chose bien pénible que de porter le fardeau de l'expérience. C'est toujours une chose pénible que d'avoir assez de mémoire pour discerner le futur.*

Les petits éclats de grenade font aux jambes d'un homme de blessures minimes; mais de grands désordres peuvent entrer par ces petites plaies et le genou est une merveille si compliquée, si délicate!

Le caporal Léglise est maintenant dans un lit. Il respire avec peine et s'y reprend à plusieurs fois, comme quelqu'un qui vient de sangloter. Il promène avec lenteur ses yeux autour de lui et n'a pas l'air décidé à vivre. Il considère le flacon de sérum, les tubes, les aiguilles, tout l'appareil mis en œuvre pour ranimer son cœur trébuchant, et il semble avoir beaucoup de chagrin. Il voudrait boire, et ce n'est pas encore permis; il voudrait dormir, mais le sommeil est refusé à ceux qui en ont le plus besoin; il voudrait peut-être mourir, et nous ne voulons pas.

Il revoit* le poste d'écoute* où il a passé la nuit, au premier rang de tous les soldats. Il revoit l'etroite porte bordée de sacs de terre, par lequelle il est sorti, au petit matin, pour respirer l'air froid et regarder le ciel, du fond du boyau creux. Tout était silencieux, et le petit matin d'été semblait doux jusque dans la profondeur du boyau. Quelqu'un pourtant veillait et guettait le bruit infime de ses pas. Une main invisible a lancé une bombe. Vite, il a voulu repasser la porte; mais il avait mis sac au dos pour la relève et il s'est trouvé coincé dans l'huis* comme un rat au piège. L'air a été déchiré par la détonation, et ses jambes ont été déchirées, comme l'air pur, comme le matin d'été, comme le beau silence.

*

Les jours passent et, de nouveau, la course du sang commence à faire sauter les vaisseaux du cou, à colorer finement la bouche, à rendre au regard la profondeur et l'éclat.

La mort, qui s'était étendue sur tout le corps comme sur un pays conquis, s'est retirée, cédant peu à peu le terrain; mais voilà qu'elle s'arrête: elle s'accroche aux jambes, elle ne veut plus les lâcher; elle réclame quelque chose en partage; elle n'entend pas être frustrée de toute sa proie.

Nous lui disputons la part qu'elle s'est choisie. Le blessé regarde nos travaux et nos efforts, comme un pauvre qui a remis sa cause aux mains du chevalier et qui ne peut qu'être spectateur du tournoi, prier et attendre.

*

Il va falloir faire la part du monstre;* il va falloir céder l'une des jambes. C'est maintenant avec l'homme qu'une autre lutte a commencé. Plusieurs fois par jour, je viens m'asseoir à côté de son lit. Tous nos essais de conversation échouent tour à tour; nous sommes toujours ramenés au silence et au même souci. Aujourd'hui, Léglise m'a dit:

« Oh! je sais bien à quoi vous pensez. »

Comme je ne répondais pas, il a supplié:

« Peut-être faut-il attendre encore un peu . . . Peut-être demain matin, ça ira-t-il mieux . . . »

Puis tout à coup, avec confusion:

« Excusez-moi! J'ai confiance en vous tous. Je sais que vous faites ce qui est nécessaire. Mais peut-être que, dans deux ou trois jours, il ne sera pas trop tard. »

Deux ou trois jours! Nous verrons demain.

Les nuits sont horriblement chaudes. J'en souffre pour lui.

Je viens le voir, une dernière fois, le soir, et l'encourage au sommeil. Son regard est large ouvert dans la nuit et je sens qu'il s'attache au mien avec anxiété.

La fièvre rend sa voix haletante:

« Comment voulez-vous que je dorme avec toutes les choses auxquelles je pense? »

Il ajoute plus bas:

« Alors, vous voulez? Vous voulez? »

L'obscurité m'encourage, et, de la tête, je fais le signe qui dit: oui.

*

En achevant ses pansements, je lui ai parlé, du fond de mon cœur:

« Léglise, nous t'endormirons demain. On examinera la

chose sans que tu souffres, et on fera le nécessaire.

– Je sais bien que vous la couperez.

– Nous ferons ce qu'il faudra faire. »

Je devine que les coins de sa bouche doivent s'abaisser un peu, et trembler. Il pense tout haut:

« Si l'autre jambe, au moins, n'était pas malade! »

Je pensais à cela aussi, mais je fais semblant de ne pas avoir entendu. N'avons-nous pas assez de peine pour aujourd'hui?

J'ai passé une partie de l'après-midi à coudre des morceaux d'étoffe imperméable. Il m'a demandé:

« Que faites-vous là?

– Je fabrique un masque pour t'endormir à l'éther.

– Je vous remercie: l'odeur du chloroforme m'est si pénible. »

Je réponds: « Justement, c'est pour cela. » La vérité est que nous ne savons s'il pourrait, dans l'état où il est, supporter le brutal chloroforme.

*

La cuisse de Léglise a été coupée ce matin, il était encore endormi quand nous l'avons porté dans la chambre noire, pour examiner son autre jambe aux rayons X.

Déjà il commençait à se plaindre et à ouvrir les yeux, et le radiographe ne se hâtait guère. J'ai fait tout le possible pour précipiter les opérations et je l'ai remporté dans son lit. Comme cela, il a repris conscience dans la pleine clarté du soleil.

Lui qui vient, une fois de plus, d'approcher le noir empire,* qu'aurait-il pensé s'il s'était réveillé dans une obscurité peuplée d'ombres, de chuchotements, d'étincelles et de lueurs fulgurantes?

Dès qu'il a pu parler, il m'a dit:

« Vous m'avez coupé la jambe? »

J'ai fait un signe. Ses yeux se sont remplis d'eau, et,

comme il avait la tête basse, ses grosses larmes lui ont coulé dans les oreilles.

*

Aujourd'hui, il est plus calme. Les premiers pansements ont été fort douloureux. Il regardait le moignon à vif, suintant, sanglant, agité de secousses et répétait:

« Ce n'est pas beau, ce n'est pas bien beau. »

Nous avons pris tant de précautions que le voici rafraîchi pour quelques heures.

« On parle pour toi de la médaille militaire », lui a dit le médecin-chef.

Dans l'intimité, Léglise m'a confié, avec hésitation:

« Ils ne voudront peut-être pas me la donner, la médaille.

– Et pourquoi donc?

– J'ai été puni: il manquait des boutons à la capote d'un de mes hommes. »

O mon ami, enfant scrupuleux, pourrais-je encore aimer les gens de notre pays s'ils se rappelaient, une seconde, ces malheureux boutons?

Il dit gravement: « Mes hommes! » Alors je considère sa poitrine étroite, son mince visage, son front puéril creusé du pli sérieux qui accepte toutes les responsabilités, et je ne sais comment lui témoigner mon amitié, mon respect.

*

Les craintes de Léglise n'étaient pas fondées. Le général G*** est venu tantôt. Je l'ai rencontré sur la terrasse. Son visage m'a fait plaisir: un visage fin, intelligent.

« Je viens voir le caporal Léglise », m'a-t-il dit.

Je l'ai conduit dans la salle pleine de blessés et, tout de suite, sans hésitation, il s'est dirigé vers Léglise comme s'il le connaissait parfaitement.

« Comment vas-tu? lui a-t-il demandé en lui prenant la main.

– Mon général, on m'a coupé ma jambe.

– Mais je le sais bien, mon enfant. Aussi* je t'apporte la médaille militaire. »

Il a piqué la médaille sur la chemise de Léglise et a embrassé mon ami sur les deux joues, simplement, affectueusement.

Puis ils ont causé ensemble un bon moment.

J'étais content. Ce général est vraiment un homme très bien.

*

On a enveloppé la médaille dans un bout de mousseline pour que les mouches ne la salissent pas,* et on l'a fixée au mur, au-dessus du lit. Elle a l'air de veiller sur le blessé, de regarder ce qui se passe. Malheureusement, ce qu'elle peut voir est fort triste. La jambe, l'unique jambe est à son tour bien malade. Le genou est pris, tout à fait pris, et ce qu'on a fait pour le sauver semble inutile. Il est venu sous le siège une plaie, puis deux plaies. Tous les matins, il faut passer d'une souffrance à l'autre, réciter, dans l'ordre, le même cruel chapelet des souffrances.

On ne meurt pas de douleur, car Léglise serait mort. Je le vois encore, ouvrant éperdument les yeux et s'arrêtant tout à coup de crier. Oh! j'ai bien pensé qu'il allait mourir. Mais cette souffrance-là veut être soufferte tout entière; elle n'étourdit même pas ceux qu'elle accable.

J'appelle tout le monde à l'aide:

« Genest, Barrassin, Prévôt, venez tous! »

Oui, mettons-nous dix, s'il le faut, pour soulever Léglise, pour le mieux tenir, le mieux soulager. Une minute de sa souffrance vaudrait bien dix ans de nos efforts à tous.

Hélas! serions-nous cent qu'il lui faut quand même soulever tout seul le plus lourd fardeau!

L'humanité entière soulève à cette heure un bien cruel fardeau. Chaque minute aggrave sa peine, et personne, personne, ne viendra donc la secourir?

*

Nous avons examiné, avec le patron, l'état du blessé. Entre ses dents, d'une façon à peine perceptible, le patron a dit:

« C'est qu'un autre sacrifice est nécessaire. »

C'est vrai, le sacrifice n'est pas encore consommé tout entier.

Léglise a compris. Depuis quelque temps, il ne pleure plus. Il a l'air las et un peu égaré d'un homme qui rame contre l'ouragan. Je le regarde à la dérobée, et il prononce aussitôt d'une voix nette, calme, décidée:

« J'aime mieux mourir. »

Je m'en vais dans le jardin. Il fait une matinée incandescente; mais je ne peux rien voir, je ne veux rien voir. Je répète en marchant:

« Il aime mieux mourir. »

Et je me demande avec désespoir s'il n'a pas raison.

Tous les peupliers se mettent à remuer leurs feuilles. D'une seule voix, qui est la voix même de l'été, ils disent: « Non! Non! Il n'a pas raison. »

Un petit scarabée traverse le chemin devant moi; je l'écrase à moitié par mégarde, mais il prend une fuite éperdue. Il a dit aussi à sa maniere: « Non, vraiment, ton ami n'a pas raison. »

« Dis-lui qu'il a tort! » chante l'essaim des bêtes qui bourdonnent autour du tilleul.

Et même un long coup de canon qui traverse toute la campagne en grognant, crie, lui aussi; « Il a tort! Il a tort! »

*

Dans la soirée, le médecin-chef est revenu voir Léglise, qui lui a dit, avec la même sombre gravité:

« Je ne veux pas, monsieur le médecin-chef, j'aime mieux mourir. »

Nous descendons au jardin, et le patron me dit cette phrase étrange:

« Essayez de le convaincre. Je finis par avoir honte de lui

demander un tel sacrifice. »

Et moi, n'ai-je donc pas honte!

Je consulte la nuit chaude, parée d'étoiles; je suis bien sûr, maintenant, qu'il a tort; mais je ne sais comment le lui dire. Qu'ai-je à lui offrir en échange de ce que je vais lui demander! Où trouver les mots qui décident à vivre? O vous, toutes les choses, dites-moi, répétez-moi qu'il est encore doux de vivre avec un corps si douloureusement mutilé!

*

Ce matin j'ai extrait un petit projectile d'une de ses plaies. Il en a secrètement conclu que cela rendrait peut-être inutile la grande opération, et sa joie faisait peine à voir. Je n'ai pourtant pas pu lui laisser ce bonheur.

La lutte a recommencé; cette fois, elle est désespérée. Et puis, il n'y a plus de temps à perdre. Chaque heure qui s'écoule dans l'attente épuise l'homme. Encore quelques jours, et il n'y aura plus à choisir: la mort seule, au terme d'une longue épreuve.

Il me répète:

« Je n'ai pas peur, mais j'aime mieux mourir. »

Alors, je parle comme si j'étais l'avocat de la vie. Qui m'a donné ce droit? Qui m'a donné l'éloquence? Les choses que je dis sont, juste, celles qu'il faut dire, et elles viennent si bien que j'ai parfois peur de trop promettre cette vie que je ne suis pas sûr de conserver, de trop promettre cet avenir qui n'est pas aux mains des hommes.

Peu à peu, je sens la grande résistance céder. Il y a quelque chose, en Léglise, qui est forcément de mon avis et qui plaide avec moi. Par moments, il ne sait plus que dire et formule, d'un air malheureux, des objections presque futiles, tant il en est d'autres plus lourdes.

« Je vis avec ma mère, me dit-il. J'ai vingt ans. Quelle situation voyez-vous pour un cul-de-jatte?* Faut-il vivre pour connaître la misère?

– Léglise, la France entière te doit trop, et rougirait de ne pas s'acquitter. »

Et je promets, je promets,* au nom du pays qui ne voudra jamais renier mes paroles. Tout le peuple de France est derrière moi, dans cette minute, pour sanctionner silencieusement ma promesse.

Nous sommes au bord de la terrasse, le soir est venu. Je tiens son poignet brûlant où le pouls débile bat avec une rage épuisée. La nuit est si belle, si belle! Des fusées montent au-dessus des collines et retombent lentement, en inondant l'horizon de lueurs lunaires. L'éclair du canon s'ouvre furtivement, comme un œil qui cligne. Malgré tout cela, malgré la guerre, la nuit est une eau sombre et divine. Léglise l'appelle à grands traits dans sa poitrine décharnée et dit:

« Oh! je ne sais plus, je ne sais plus . . . Attendons encore un jour, je vous prie. »

*

C'est pendant trois jours entiers que nous avons attendu, et Léglise a cédé.

« Eh bien, faites ce qu'il faut! Faites ce que vous voulez. »

Le matin de l'opération, il a souhaité descendre à la salle par l'escalier du parc. Je l'accompagnais et je le voyais regarder toutes choses comme pour les prendre à témoin.

Pourvu, pourvu qu'il ne soit pas trop tard!

Une fois de plus il a été couché sur la table. Une fois de plus sa chair et ses os ont été divisés. La seconde cuisse est tombée.

Je l'ai pris dans mes bras pour le reposer sur son lit, et il était léger, léger.

Il s'est réveillé sans rien demander, cette fois. J'ai seulement vu ses mains errer pour rencontrer la fin de son corps.

*

Quelques jours se sont passés depuis l'opération. Nous

avons fait tout ce qu'il était humainement possible de faire, et Léglise revient à la vie avec une sorte d'effarement.

« J'ai bien cru mourir », m'a-t-il dit ce matin, pendant que je l'encourageais à manger.

Il ajoute:

« Quand je suis descendu à la salle d'opérations, j'ai bien regardé toutes les choses, et j'ai pensé que je ne les reverrais plus.

- Regarde, mon ami! Elles sont toujours les mêmes, toujours aussi belles!

- Oh! dit-il, égaré dans son souvenir, j'avais fait le sacrifice de ma vie. »

Faire le sacrifice de sa vie, c'est prendre une certaine résolution, dans l'espoir de se trouver plus tranquille, plus calme, moins malheureux aussi. L'homme qui fait le sacrifice de sa vie rompt déjà des liens, et, en cela, il meurt un peu.

Avec une inquiétude voilée, je dis doucement, comme si je posais une question:

« C'est toujours une bonne chose que de manger, de boire, de respirer, de voir la lumière. »

Il ne me répond pas. Il rêve. J'ai parlé trop tôt. Je m'en vais avec mon inquiétude.

*

Il y a encore de durs moments, mais la fièvre tombe peu à peu. J'ai l'impression que Léglise supporte la douleur avec plus de résolution, comme quelqu'un qui a donné tout ce qu'il avait à donner, et qui ne craint plus rien.

Le pansement fini, je le tourne sur le côté, afin de soulager son dos malade. Pour la première fois, ce matin, il a souri en disant:

« J'ai déjà gagné quelque chose à être débarrassé de mes jambes, je peux me coucher sur le côté. »

Mais il tient mal en équilibre: il a peur de tomber.

Pensez à lui, et vous aurez peur pour lui, avec lui.

Il s'endort parfois en plein jour et sommeille quelques

instants. Il est ramené à la taille d'un enfant. Comme aux enfants, je lui mets un morceau de gaze sur le visage à cause des mouches. Je lui ai apporté une petite bouteille d'eau de Cologne et un éventail, cela aide à supporter les dernières méchancetés de la fièvre.

Il recommence à fumer. Nous fumons ensemble, sur la terrasse où je fais porter son lit. Je lui montre le jardin et lui dis:

« Dans quelques jours, je te porterai dans le jardin. »

*

Il s'est inquiété de ses voisins, de leur nom, de leurs blessures. Il a, pour chacun, un mot de compassion qui vient du fond de la chair. Il me dit:

« J'ai appris que le petit Camus était mort. Pauvre Camus! »

Des larmes remplissent ses yeux. J'en suis presque heureux. Il y avait trop longtemps qu'il n'avait pas pleuré. Il ajoute:

« Excusez-moi, j'avais vu quelquefois Camus. C'est un grand malheur! »

Il devient d'une sensibilité extraordinaire. Il est ému par tout ce qui se passe autour de lui, par la souffrance des autres, leur infortune propre. Il vibre comme une âme d'élite qu'une grande crise a exaltée.

Il ne parle de lui que pour humilier son malheur:

« C'est au ventre que Dumont est touché? Ah! Mon Dieu, pour moi, les organes essentiels ne sont pas atteints; je ne peux pas me plaindre. »

Je la contemple avec admiration, mais j'attends encore quelque chose, quelque chose . . .

Il est surtout très intime avec Legrand.

Legrand est un tailleur de pierre au visage de jeune fille. Il a perdu un large morceau de crâne. Il a aussi perdu l'usage de la parole et on lui apprend les mots, comme à un bébé. Il commence à se lever et s'empresse autour du lit de Léglise pour lui rendre de menus services. Il essaie de maîtriser sa langue rebelle; n'y parvenant pas, il sourit et s'exprime avec son limpide regard, si intelligent.

Léglise plaint aussi celui-là:

« Ce doit être bien pénible de ne pouvoir parler. »

*

Aujourd'hui, nous avons ri, je vous l'assure, nous avons bien ri, Léglise, les infirmiers et moi.

Nous causions de sa pension future, en préparant le pansement, et quelqu'un lui a dit:

« Tu vivras comme un petit rentier. »

Léglise a considéré son corps et a répondu en souriant:

« Oh! un bien petit rentier, un tout petit rentier. »

Le pansement s'est très bien passé. Léglise a imaginé, pour nous faciliter la tâche, de s'accrocher des deux mains à la tête de son lit et de soulever ses moignons en l'air en se renversant sur les épaules. C'était un spectacle terrible, inimaginable; mais il s'est mis à rire et le spectacle est devenu cocasse. Nous avons tous ri. Justement le pansement s'est trouvé facile et vite achevé.

Ses moignons bourgeonnent* bien. Dans l'après-midi, on l'assied sur son lit. Il commence à lire et à fumailler,* en parlant aux camarades.

Je lui explique comment il pourra marcher avec des jambes artificielles. Il plaisante encore:

« J'étais plutôt petit; maintenant, je pourrai m'offrir la taille qui me conviendra. »

*

Je lui ai apporté des cigarettes qu'on m'avait envoyées pour lui, des bonbons, des gâteries. Il fait signe qu'il veut me parler à l'oreille et dit tout bas:

« J'ai déjà beaucoup trop de choses. Mais Legrand est vraiment très pauvre: il est des pays envahis, il n'a rien, ne reçoit rien. »

C'est compris. Je reviens, un peu après, avec un paquet dans lequel il y a du tabac, de bonnes cigarettes, et aussi un petit billet.

« Voilà pour Legrand. Il faut lui faire passer cela. Je me sauve! »

Dans l'après-midi, je retrouve mon Léglise bien troublé, bien perplexe.

« Je ne peux pas donner tout ça moi-même à Legrand, dit-il: il pourrait s'offenser. »

Et nous voilà tous deux partis à chercher un moyen discret.

Cela nous demande un grand moment. Il invente des combinaisons romanesques. Il est rouge, animé, intéressé.

« Cherche, lui dis-je, débrouille-toi! Donne-lui cela toi-même de la part de telle ou telle personne. »

Mais Léglise a trop peur de blesser la susceptibilité de Legrand. Il rumine la chose jusqu'au soir.

*

Le petit paquet est à la tête du lit de Legrand. Léglise me le montre du menton et me dit à l'oreille:

« J'ai trouvé quelqu'un qui le lui a remis. Il ne sait pas de qui ça vient. Il fait mille suppositions; c'est bien amusant! »

O Léglise, est-il donc vrai qu'il y ait encore quelque chose d'amusant, et que ce soit d'être bon?* Cela, cela seul ne vaut-il pas la peine de vivre?

Ainsi nous avons un grand secret entre nous deux. Toute la matinée, pendant que je vais et viens dans la salle, il me lance des coups d'œil d'intelligence et il rit à la dérobée. Legrand m'offre gravement une des cigarettes: c'est tout juste si Léglise ne pouffe pas de rire. Mais il sait bien cacher son jeu.

On l'a posé sur un lit voisin, pendant qu'on refait son lit. Il y reste bien sage, ses deux gros pansements à l'air, et il chante une petite chanson comme celle des enfants au berceau. Et puis, tout à coup, il se met à pleurer, à pleurer, avec de gros sanglots.

Je le serre contre moi et lui demande avec angoisse:

« Pourquoi? Pourquoi donc? »

Alors il me dit d'une voix entrecoupée:*

« Je pleure de joie et de reconnaissance. »

Oh! je n'en voulais pas tant. Je me sens bien heureux, bien soulagé. Je l'embrasse, nous nous embrassons; je crois bien que je pleure un peu aussi.

*

Je l'ai enveloppé dans un peignoir de flanelle et je l'emporte dans mes bras. Je descends l'escalier du parc avec bien de la prudence, comme une mère qui porte pour la première fois son nouveau-né. Je crie: « Un fauteuil! un fauteuil! »

Pendant que je marche, il se cramponne à mon cou et dit avec confusion:

« Je vais vous fatiguer. »

Certes, non! Je suis trop content! Je ne donnerais ma place à personne. Le fauteuil a été installé sous les arbres, près des bosquets. Je dépose Léglise entre les coussins. On lui apporte un képi. Il respire l'odeur de la verdure, des pelouses fauchées, du gravier grillé par le soleil. Il regarde la façade du château et dit:

« Je n'avais même pas vu l'endroit où j'ai failli mourir. »

Tous les autres blessés qui se promènent dans les allées viennent lui faire visite, et, dirait-on, lui rendre hommage. Il leur parle avec une cordiale autorité. N'est-il pas leur chef à tous, par droit de souffrance et de sacrifice?

Deux heures se passent et il revient à son lit.

« Je suis un peu las, avoue-t-il; mais c'est si bon! »

*

Qui donc, ce matin, parlait, dans la salle, de l'amour, du mariage, du foyer?

Je jetais de temps en temps un coup d'œil à Léglise, il semblait rêver et a murmuré:

« Oh! pour moi, maintenant . . . »

Alors je lui ai dit ce qui je savais: je connais des jeunes filles qui ont juré de n'épouser qu'un mutilé. Eh bien, il faut croire aux serments des jeunes filles. La France est un pays encore plus riche de cœur que de toute autre vertu. C'est un doux devoir que de rendre un bonheur à ceux qui en ont résigné tant d'autres. Et mille cœurs, à cette minute, m'approuvent, qui sont de généreux cœurs de femme.

Léglise m'écoute en hochant la tête. Il n'ose pas dire: non.

*

Léglise n'aura pas seulement la médaille militaire, mais encore la croix de guerre. Sa citation vient d'arriver. Il la lit en rougissant:

« Jamais je n'oserai montrer cela, dit-il, c'est considérablement exagéré. »

Il me tend le papier où il est dit, en substance, que le caporal Léglise s'est vaillamment comporté, sous une pluie de bombes, et qu'il a été amputé de la cuisse gauche.

« Je ne me suis pas vaillamment comporté, discute-t-il: j'étais à mon poste, voilà tout. Quant aux bombes, je n'en ai reçu qu'une. »

Je ne peux accepter cette manière de voir.

« N'est-ce donc pas une vaillante attitude que d'être à ton poste avancé, si près de l'ennemi, tout seul en tête de tous les Français? N'étaient-ils pas tous derrière toi, jusqu'au bout du pays, jusqu'aux Pyrénées? Ne s'en remettaient-ils pas tous avec confiance à ton sang-froid, à ton coup d'œil, à ta vigilance? Tu n'as reçu qu'une bombe; mais je ne pense pas que tu eusses pu en recevoir plusieurs, et être encore des nôtres. D'ailleurs, la citation, loin d'exagérer, est au contraire en déficit; elle dit que tu as donné une jambe et c'est les deux jambes que tu as données! Il me semble que cela compense largement ce qu'il pourrait y avoir d'excessif quant aux bombes . . .*

- Bien sûr! Bien sûr! concède Léglise en riant. Mais je ne voudrais pas me faire passer pour un héros.

- Mon ami, on ne te demandera pas ton avis pour te juger et t'honorer. Il suffira de regarder ton corps. »

*

Et il a fallu nous séparer, parce que la guerre continue et qu'elle fait tous les jours de nouveaux blessés.

Léglise est parti presque guéri. Il est parti avec des camarades, et il n'était pas le moins gai de tous.

« J'étais le plus grand blessé du train », m'a-t-il écrit, non sans un léger orgueil.

Depuis, Léglise m'écrit souvent. Ses lettres respirent un contentement calme. Je les reçois et les lis au hasard de la campagne: sur les routes, dans les salles où d'autres blessés gémissent, dans les champs parcourus par les galops de la canonnade.

Toujours il se trouve auprès de moi quelque chose pour murmurer, dans un muet langage; « Tu vois, tu vois qu'il avait tort d'aimer mieux mourir! »

Je le crois sincèrement et c'est pourquoi j'ai raconté son histoire. Tu me le pardonneras, n'est-ce pas, Léglise, mon ami?

# A VERDUN

Nous remontions à marches forcées vers le Nord, à travers le pays de France semblable à un funèbre jardin planté de croix. Nous n'avions plus aucun doute sur la destination qui nous était réservée; chaque jour, depuis notre débarquement à B***, les ordres nous enjoignaient de presser notre mouvement à la suite des unités combattantes du corps d'armée. Celui-ci se contractait, se ramassait en hâte, sa tête engagée déjà en pleine mêlée, sa queue serpentant encore sur les routes, à travers le champ de bataille de la Marne.

Une fin de février humide et glaciale, avec des rafales de grésil et un ciel furieux, hideux, vautré au ras du sol. Partout des tombes, uniformément décentes, ou plutôt réglementaires, avec l'écusson tricolore ou mi-parti* noir et blanc, et des chiffres. Souvent, de vastes bas-fonds inondés, d'où des croix émergeaient à peine, entre les peupliers, comme des gens qui étendent les bras pour ne point sombrer. Beaucoup d'anciens villages, des ruines humbles, irrémédiables. Et, pourtant, là-dessus, de place en place,* des baraques étiques, planches et tuiles, exhalant une mince fumée et abritant une lumière timide, un essai de recommencer la vie comme autrefois, à la même place qu'autrefois. Par hasard, un hameau que la tornade avait à peu près respecté, et que nous trouvions hypertrophié par l'afflux des populations voisines.

Au-delà de P***, notre marche, entravée par la confluence des convois et des corps de troupe, devint fort pénible, sans cesser d'être rapide. Réservées aux masses militaires qui doivent aller vite, arriver tôt et frapper soudainement, les grandes routes nous étaient interdites. De tous les points de l'horizon convergeaient des multitudes disciplinées, avec leur arsenal de choses formidables, roulant dans une odeur de benzol et d'huile surchauffée. A travers cette cohue ordonnée, nos convois se faufilaient tenacement, et avançaient. On voyait, sur les pentes des collines, ramper d'abord, comme un clan de termites en voyage, les brancardiers et leurs chiens tirant les brouettes à blessés, puis les colonnes d'infirmiers, boueux, exténués, puis les fourgons d'ambulance, que chaque semaine de guerre surcharge un peu plus, et que les chevaux halaient au milieu d'un brouillard de sueur.

Parfois, tout cela s'arrêtait à un croisement de voies, et les ambulances laissaient passer devant elles des choses pressées: celles qui doivent tuer, de trapus mortiers gris emportés à toute vitesse dans un grondement métallique.

Une halte, un coup de vin trempé de pluie, le temps de s'étrangler avec un morceau de « boule »* dure et on repartait, songeant à la halte suivante, à un endroit sec, à une heure de vrai sommeil.

Peu après C***, nous commençâmes à rencontrer des émigrants. Les choses en furent grandement compliquées, et le spectacle y gagna certaines ressemblances odieuses avec les scènes du début de la guerre, les scènes de la grande retraite.

Longeant le bord des routes, les chemins vicinaux, les pistes à travers champs, ils fuyaient la région de Verdun, évacuée par ordre. Ils poussaient des rosses misérables, engageaient jusqu'aux moyeux, dans les ornières, des voitures précaires où l'on voyait des matelas, des édredons, ce qu'il faut pour le dormir et le manger et, aussi, une cage où des oiseaux pépiaient. De village en village ils cherchaient un gîte introuvable, mais ne se plaignaient pas, disant seulement:

« Vous allez à Verdun? Nous, nous venons de X***. On nous a forcés à partir. On a bien du mal à trouver où s'installer. »

Des femmes passèrent. Deux d'entre elles traînaient une petite voiture d'enfant dans laquelle le bébé dormait. Il y en avait une toute jeune et une âgée. Elles portaient de petits souliers de ville et, à chaque pas, enfonçaient, comme nous, dans la fange, parfois jusqu'à mi-jambe.

Tout le jour, nous croisâmes de tels cortèges. Je ne me souviens pas d'avoir vu pleurer une seule de ces femmes; elles paraissaient effarées et terriblement lasses.

Cependant le bruit du canon devenait plus ample et plus régulier. Toutes les routes que l'on découvrait dans la campagne portaient pareillement une charge d'hommes et de machines. De place en place, des chevaux, crevés à la peine, gonflaient au pied des talus. On percevait une grande rumeur faite de piétinements, de grincements, de bruit des moteurs et d'une foule de gens qui parlent et mangent en marchant.

Tout à coup, nous débouchâmes, à la lisière d'un bois, sur une hauteur d'où l'on découvrait le champ de bataille. C'était une immense étendue de plaines et de coteaux, tachée par les bois gris de l'hiver. De longues fumées d'incendies, orientées par le vent, se couchaient sur le paysage. Et d'autres fumées, minuscules, multicolores, jaillissaient du sol partout où pleuvaient les projectiles. Rien que cela: des fumées, de brèves lueurs sensibles en plein jour, et une théorie* de ballons captifs, témoins immobiles et attentifs de toutes choses.

Mais, déjà, nous descendions la côte et les divers plans du paysage s'enfonçaient les uns derrière les autres . . . Au moment de passer un pont, j'aperçus, dans un groupe de soldats, un ami que je n'avais pas vu depuis la guerre. Comme nous ne pouvions nous arrêter, il marcha quelque temps à mes côtés et nous consacrâmes ces minutes à nous souvenir d'anciennes choses. Puis il me quitta et nous

nous embrassâmes, bien que cela ne nous fût jamais arrivé au temps de la paix.

La nuit tomba. Sentant que c'était la dernière grande étape, nous encouragions les hommes exténués. A R***, je perdis ma formation. J'étais arrêté sur le bord de la route, appelant dans la nuit. De l'artillerie passait, m'inondant de boue jusqu'au visage. Enfin je retrouvai les miens et la marche reprit, à travers des villages illuminés par les feux de bivouac qui palpitaient sous une pluie battante, à travers une campagne ténébreuse que les éclairs de la canonnade montraient soudain couverte d'une multitude d'hommes, de chevaux et d'objets guerriers.

C'était le 27 février.* Entre dix et onze heures du soir, nous arrivâmes auprès d'un hôpital installé dans des baraques de planches, et qui fonctionnait fébrilement. Nous étions à B***, hameau misérable sur lequel les Allemands devaient, le lendemain, jeter une trentaine d'obus monstrueux qui ne tuèrent pas une souris.

Nuit dans la paille. Enorme ronflement de cinquante hommes terrassés par la fatigue. Puis le réveil, et, de nouveau, la boue liquide jusqu'aux chevilles.* La grande voie étant interdite à nos fourgons; discussion nerveuse à l'issue de laquelle nous nous séparâmes: les voitures, à la recherche d'un détour par les chemins de terre; nous, les piétons, arpentant les bas-côtés de la route sur laquelle se ruaient, dans les deux sens, des files de camions automobiles pressés comme les wagons d'un immense train.

Depuis minuit, nous savions où nous allions nous installer, le faubourg de G*** n'était plus qu'à une heure de marche. Dans les champs, à droite et à gauche, étaient parquées des troupes coloniales au casque terreux, elles revenaient du feu et paraissaient étrangement silencieuses. En face de nous, la ville, à moitié cachée, pleine de craquements et d'échos. Au-delà, les collines de Meuse, sur lesquelles on distinguait les maisons des villages et la chute continuelle de la mitraille. Nous longeâmes une prairie jonchée de meubles abandonnés, de lits, de caisses, toute une fortune qui semblait les débris d'un hôpital. Enfin nous arrivâmes aux premières maisons et on nous indiqua l'endroit où nous étions attendus.

*

Il y avait deux bâtiments de brique, étagés et reliés par un couloir vitré; le reste de l'enceinte était occupé par des constructions de bois. Derrière, des vergers, des jardins, les premières maisons du faubourg. Devant, un mur de parc, une prairie, une voie ferrée, et *la Route*,* l'admirable et terrible route qui pénètre la ville à cet endroit même.

Des groupes de petits blessés clopinaient vers l'ambulance;* le mouvement incessant des automobiles entretenait une circulation fiévreuse de fourmilière attaquée.

Comme nous abordions les pavillons, un médecin vint au-devant de nous:

« Arrivez, arrivez! il y a du travail pour un mois. »

C'était vrai. L'odeur et les plaintes de plusieurs centaines de blessés nous assaillirent aussitôt. L'ambulance n°***, que nous venions relever, était aux prises avec la besogne depuis la veille, sans parvenir à l'entamer sensiblement. Les traits tirés par une nuit de travail désespéré, médecins et infirmiers allaient, venaient, choisissaient dans le tas des blessés et en soignaient deux pendant qu'il en arrivait vingt.

En attendant notre matériel, nous visitions les pavillons. Quelques jours auparavant, on traitait encore là des contagieux. Une désinfection hâtive avait laissé les lieux saturés d'une vapeur de formol qui déchirait la gorge sans parvenir à masquer l'ignoble odeur des hommes entassés. On les voyait rassemblés par tas dans les pièces, autour des poêles, étendus sur les couchettes des dortoirs ou effondrés sur le dallage des corridors.

Dans chaque salle du bâtiment inférieur, il y en avait trente ou quarante, de toutes armes, qui somnolaient, geignaient et sortaient de temps à autre pour gagner péniblement les latrines ou chercher, un « quart »* à la main, quelque chose à boire.

Au fur et à mesure que nous avancions dans notre visite, le spectacle s'aggravait: on avait refoulé dans les salles du fond et dans le pavillon supérieur une quantité de grands blessés qui se mirent à hurler dès que nous entrâmes. Beaucoup étaient là depuis plusieurs jours. La brutalité des événements, la relève des unités, la surabondance du travail, tout contribuait à créer une de ces situations qui désemparent et débordent les meilleures volontés.

Nous ouvrions une porte, et, aussitôt, les hommes qui gisaient là se mettaient à crier de toutes leurs forces. Certains, couchés sur leur brancard, au ras du sol, nous saisissaient par les jambes et suppliaient que l'on s'occupât d'eux. Quelques infirmiers affolés s'élançaient au hasard, mais n'arrivaient pas à satisfaire aux besoins d'une si vaste souffrance. Je me sentais, à tout instant, agrippé par ma capote,* et une voix me disait:

« Je suis ici depuis quatre jours! Faites mon pansement, je vous en supplie. »

Et comme je répondais que j'allais revenir tout de suite, l'homme se mettait à pleurer:

« Ils disent tous qu'ils vont revenir, et ils ne reviennent jamais. »

Parfois, un homme tourmenté par le délire nous tenait au passage des propos incohérents. Parfois nous tournions autour d'un lit silencieux pour voir la figure du blessé, mais il n'y avait plus là qu'un cadavre.

Chaque salle inspectée montrait la même détresse, soufflait la même haleine d'antiseptiques et d'excréments, car l'infirmier n'arrivait pas toujours assez vite, et beaucoup d'hommes se souillaient sans y prendre garde.

Je me rappelle une petite chambre abandonnée, en désordre; sur la table, un bol de café au lait avec du pain trempé; par terre, des babouches* de femme et, dans un coin, des objets de toilette avec des cheveux blonds. Je me rappelle un réduit où un blessé, en pleine méningite, criait sans arrêt: 27, 28, 29 . . . 27, 28, 29 . . . en proie à une étrange persécution des nombres. Je vois une cuisine où un soldat troussait* un poulet blanc. Je vois un sous-officier de tirailleurs algériens arpentant le couloir, avec un œil crevé dont le bandeau avait glissé. J'entends les râles d'un blessé du crâne qui avait, dans la bouche et les narines, un gros champignon de mousse rouge. Et encore un Allemand roux qui grouillait de vermine et demandait l'urinal.*

Vers midi, le médecin-chef arriva, suivi des camarades et de nos voitures. Avec lui, je repris la visite des pavillons pendant qu'on déballait le matériel. Je m'étais emparé d'une seringue, en attendant le couteau, et m'occupais à distribuer de la morphine. La besogne appraissait immense et chaque minute l'augmentait. En hâte, nous commencions à nous la partager, à répartir les rôles. Les cris de la souffrance nous masquaient une canonnade formidable. Auprès de moi, un homme que je connaissais pour énergique et résolu disait entre ses dents: « Non! Non! tout plutôt que la guerre! »

Mais il fallait d'abord mettre de l'ordre dans l'enfer.

*

En quelques heures, cet ordre apparut et régna. Nous étions fourbus par les journées de marche et les nuits de mauvais sommeil; mais les hommes posèrent le sac et se jetèrent sur la besogne avec un courage silencieux qui semblait exalter les natures les moins généreuses. Le premier effort dura trente-six heures pendant lesquelles chacun donna la mesure de ses forces sans plus songer à soi-même.

Quatre salles d'opérations avaient été aménagées. Les blessés y étaient apportés, sans arrêt, et, là, une volonté grave et prudente statuait sur l'état de chacun, son sort, son avenir. Devant le flot débordant de la besogne, il fallait, avant que de saisir le couteau, se recueillir profondément, et décider du sacrifice qui assurait la vie ou donnait quelque espoir pour la vie. En une seconde de réflexion efficace, il fallait entrevoir et peser toute une existence d'homme, puis agir avec méthode et audace.

Dès qu'un blessé quittait la salle, un autre prenait sa place; pendant les préparatifs de l'opération, nous allions choisir par avance et classer les patients, car beaucoup n'avaient plus besoin de rien, ils voguaient au-delà des possibilités humaines et attendaient, dans l'hébétude, les bonnes grâce de la mort.

Le mot « *intransportables* », ayant été prononcé, orientait tout notre travail. On évacuait les blessés susceptibles d'attendre encore quelques heures les soins nécessaires et d'aller les chercher plus loin. Mais en entendant ronfler les automobiles, tous voulaient partir, et l'on voyait des hommes supplier qu'on les emportât et entrer dans l'agonie tout en assurant qu'ils se sentaient assez forts pour voyager.

Quelques-uns racontaient leur histoire; la plupart demeuraient silencieux. Ils désiraient s'en aller ailleurs . . . surtout dormir, boire. Les besoins naturels prenaient le dessus et leur faisaient oublier la douleur des plaies. Je me souviens d'un malheureux à qui l'on demandait s'il souhaitait quelque chose. Il avait une grave blessure de poitrine et attendait d'être examiné. Il répondit timidement qu'il désirait uriner et quand l'infirmier revint en courant avec le « pistolet »,* l'homme était mort.

La grandeur du devoir immédiat nous avait complètement distraits de la bataille voisine et de la tumultueuse canonnade. Pourtant, vers le soir, des détonations secouèrent furieusement les pavillons. Un petit train blindé était venu s'installer non loin de nous. On en voyait sortir le col d'un canon de marine qui, d'instant en instant, lançait une large langue de flamme, avec un bruit de catastrophe.

Le travail s'accélérait au cœur même du vacarme. Des tonnes d'eau avaient été lancées dans les couloirs, emportant la boue, le sang, tous les résidus des salles où l'on opérait. Les opérés étaient reportés dans des couchettes où l'on avait mis des draps blancs. Les fenêtres ouvertes laissaient entrer un air vif et pur, et l'on voyait la nuit tomber sur les coteaux de Meuse peuplés d'éclairs et de fracas.

Quelquefois, un blessé nous apportait des nouvelles fraîches de la bataille. Avec des gémissements, il contait le bombardement incroyable, la résistance obstinée, les contre-attaques en pleine tourmente.

Tous ces hommes simples achevaient leur récit par les mêmes mots, surprenants à cette heure d'angoisse:

« Ils ne peuvent plus passer maintenant. »

Puis ils se reprenaient à gémir.

Pendant les plus dures semaines de la bataille, c'est de la bouche de ces malheureux, que nous recueillîmes, entre deux cris, les paroles les plus extraordinaires de confiance et d'espoir.

La première nuit passa dans cette presse. Le matin nous vit en face d'un labeur encore énorme, mais classé, divisé, à moitié résolu.

Un officier supérieur vint nous rendre visite. Il paraissait soucieux:

« L'endroit est repéré, me dit-il. Pourvu que vous ne vous trouviez pas forcés de travailler sur vous-mêmes! Sûrement, vous serez bombardés à midi. »

Nous ne pensions plus à cette prophétie quand elle se réalisa.

Vers midi, l'air fut déchiré de sifflements aigus, et une dizaine d'obus tombèrent dans l'enceinte de l'ambulance, perforant un des bâtiments, mais épargnant les hommes. Ce fut le début d'un bombardement irrégulier et à peu près continu, qui ne nous visait sans doute pas spécialement, tout en nous menaçant sans cesse.

Pas de caves. Rien que les minces murailles. Le travail se poursuivit.*

Avec le troisième jour, une accalmie permit à notre organisation de se parfaire. L'ennemi accablait la ville et les lignes d'un bombardement opiniâtre. Notre artillerie répondant coup pour coup par salves furieuses, une sorte de muraille grondante s'éleva autour de nous qui nous semblait comme un rempart. En fait, l'afflux des blessés décrut. Nous venions de recevoir des hommes qui avaient combattu en rase campagne, comme aux premiers jours de la guerre, mais sous un orage de projectiles réservés jusqu'alors à la destruction des forteresses. Notre camarade D*** arrivait du champ de bataille, à pied, livide, soutenant son coude broyé. Il bégayait une histoire tragique: son régiment avait tenu ferme contre un mascaret* de feu; des milliers d'obus énormes étaient tombés dans un étroit ravin, et il avait vu des membres accrochés aux taillis; une dispersion féroce des corps humains. Les hommes étaient restés à leur place, et puis s'étaient battus.

Un quart d'heure après son arrivée, D***, remonté, réconforté, considérait, sur la table d'opérations, la large plaie de son bras et nous entretenait calmement de son avenir bouleversé.

Vers le soir de ce jour, nous pûmes sortir du pavillon et respirer, quelques minutes, un air non souillé.

Le bruit était souverain, comme ailleurs le silence. Il remplissait l'espace jusqu'aux nues. Nous en étions imprégnés, et presque ivres.

Une quinzaine de ces ballons captifs que les troupiers appellent des « saucisses » formaient un demi-cercle aérien, et veillaient.

De l'autre côté des collines, veillaient pareillement les ballons allemands, dans le brouillard violacé, à l'orient.

La nuit vint et les ballons demeurèrent fidèlement à leur poste. Nous étions au centre d'un cirque de feu, tissu par tous les éclairs de la canonnade. Au sud-ouest, pourtant, une brèche noire s'ouvrait, et l'on sentait là comme un couloir libre vers l'intérieur du pays et vers le silence. A quelques centaines de mètres de nous, un carrefour continuellement visé par l'ennemi retentissait du choc des obus, assenés sur le sol avec violence, comme des marteaux. Nous trouvions souvent à nos pieds des éclats d'acier, encore chauds et qui, parfois, semblaient, dans l'ombre, légèrement phosphorescents.

*

A compter de ce jour, une adroite combinaison de nos heures et de nos moyens nous permit de prendre à tour de rôle quelques instants de repos.

Toutefois, pour cent raisons, le sommeil m'était chose impossible et, pendant plusieurs semaines, j'oubliai ce que c'est que dormir.

Je me retirais donc de temps en temps dans la chambre qui avait été désignée pour mon ami V*** et moi-même, et je m'étendais sur un lit, en proie à une fatigue voisine de l'égarement; mais le bruit continuel des sabots et des souliers, dans le couloir, maintenait l'esprit en éveil et les yeux ouverts. Par rafales s'élevait le chœur des blessés: il y avait toujours en traitement, dans les salles voisines, une douzaine de blessés du crâne à qui la méningite arrachait des hurlements monotones; il y avait les blessés du ventre qui se lamentaient pour obtenir une boisson interdite; il y avait encore les blessés de la poitrine, que secouait une toux basse, encombrée par le sang, et tous ceux qui geignaient, dans l'attente d'un repos impossible.*

Alors je me relevais et retournais travailler, ma grande crainte étant de ne plus me trouver, par excès de fatigue, l'œil assez sûr et la main assez prompte, en face du terrible devoir.

Les nuits surtout, le bombardement reprenait, par bourrasques.

L'air, froissé par les projectiles, miaulait comme un chat furieux; les détonations se rapprochaient, puis s'éloignaient, méthodiquement, comme les pas d'un géant qui eût monté la garde autour de nous, au-dessus de nous, sur nous.

Chaque matin, les infirmiers profitaient d'un instant de

répit pour courir inspecter les nouveaux *entonnoirs** et en déterrer les fusées* d'obus. Je méditais le mot charmant du médecin auxiliaire M***, que nous avions soigné pour une blessure à la tête, et qui m'avait dit, pendant que je le reconduisais à son lit et que nous entendions les éclatements proches:

« Les marmites!* Ça tombe toujours à côté. »

Toutefois, pour beaucoup de blessés, ce perpétuel vacarme était intolérable. Ils nous suppliaient, avec des larmes, de les expédier ailleurs; ceux que nous gardions étant précisément incapables de supporter le moindre déplacement, il nous fallait les consoler et les conserver quand même. Certains, terrassés par la fatigue, dormaient tout le jour. D'autres montraient un flegme extraordinaire, peut-être empreint d'un léger délire, tel ce blessé de l'abdomen que je pansais un matin, et qui, m'ayant vu tourner la tête au bruit d'une explosion qui défonçait le champ voisin, m'expliqua tranquillement que « ces machins-là n'étaient pas dangereux. »

Une nuit, je vis accourir un gendarme au visage ensanglanté.

Il agitait une lanterne qui lui servait à régler la circulation des voitures et il s'obstinait à répéter candidement que l'ennemi avait repéré son quinquet et l'avait couvert de mitraille. En fait, il n'avait que de menues écorchures. Il partit, lavé, pansé, mais pour nous revenir le surlendemain, tué, cette fois, d'un gros éclat de fonte qui avait pénétré par l'œil.

Il y avait une *salle des entrées*, où se faisait le triage. Dix fois par jour, on pensait l'avoir vidée, avoir épuisé ce réservoir de misère; on la retrouvait, chaque fois, pleine, de nouveau, et comme pavée de brancards boueux sur lesquels des hommes soufflaient et attendaient.

A cette antichambre faisait face une *salle d'évacuation*. Elle paraissait moins lugubre que l'autre, encore qu'elle fût aussi nue et non plus claire; mais les blessés y étaient propres, opérés, pansés de blanc, réconfortés de boissons chaudes, et de toutes sortes d'espoir, car ils avaient déjà échappé aux premiers choix de la mort.

Entre les deux salles, un scribe vivait dans le courant d'air, en proie à une paperasserie indispensable et abrutissante.

Au début pendant trois jours et trois nuits, le même homme demeura ancré à cette besogne ingrate jusqu'à l'heure où on le vit enfin, le visage décomposé, presque fou d'avoir sans relâche étiqueté cette misère avec des noms et des chiffres.

*

Les premiers jours de mars furent frais, avec des alternatives de neige et de coups de soleil. Quand l'air était pur, nous l'entendions vibrer de la vie des avions et retentir de leurs combats. La pulsation sèche des mitrailleuses, le tir incessant des shrapnells formaient au-dessus de nous comme un dôme crépitant. Les aéroplanes allemands accablaient nos parages de bombes qui sifflaient longuement avant que d'éventrer le sol ou les maisons. L'une d'elles vint tomber à quelques pas de la salle où j'opérais un blessé du crâne. Je me souviens du bref regard que je lançai au-dehors, et des cris et de la fuite à toutes jambes des hommes sous les fenêtres.

Un matin, je vis un avion, qui croisait au-dessus des coteaux de Meuse, traîner tout à coup derrière lui, comme une comète, une épaisse chevelure de fumée noire, puis descendre à pic avec une belle flamme claire, éclatante malgré le soleil. Et je songeai aux deux hommes qui vivaient cette chute.

La situation militaire s'améliorait de jour en jour, mais la bataille ne cessait pas d'être rude. Les « calibres » employés par l'ennemi pour la destruction des hommes créaient des plaies effroyables, assurément plus cruelles, dans l'ensemble, que celles dont nous avions eu le spectacle pendant les vingt premiers mois d'une guerre sans pitié dès sa conception. Tous les médecins ont pu remarquer l'atroce succès remporté, en si peu de temps, par le perfectionnement des engins de dilacération.* Et nous admirions amèrement que l'homme pût aventurer son fragile organisme à travers les déflagrations d'une chimie à peine disciplinée, qui atteint et dépasse en brutalité les puissances aveugles de la nature. Nous admirions surtout qu'une chair aussi délicate, pétrie d'harmonie, créatrice d'harmonie, supportât, sans se désagréger aussitôt, de tels chocs et de tels délabrements.

Beaucoup d'hommes nous arrivaient avec un ou plusieurs membres complètement arrachés, et ils arrivaient vivant encore. Certains portaient non pas une, mais parfois trente, quarante blessures et même davantage. Nous examinions chaque corps avec méthode, allant de triste découverte en triste découverte. Ils nous rappelaient ces navires désemparés qui font eau* de toute part. Et, précisément parce que de telles épaves semblaient destinées à sombrer irrémédiablement, nous nous accrochions à elles avec l'espoir tenace de les mener peut-être au port et de les renflouer.

Dans les moments de bousculade, il était impossible de déshabiller et de nettoyer convenablement les hommes avant de les introduire dans la salle d'opérations. Le problème était alors d'isoler, aussi bien que possible, de la boue, de la crasse et de la vermine environnantes, l'œuvre pieuse du couteau; j'ai vu là des soldats couverts d'une telle quantité de poux que les différentes parties des pansements en étaient envahies, jusqu'aux plaies. Les malheureux s'en excusaient, comme si cette infection leur eût été imputable.

Dans de tels moments, les patients se succédaient si vite que nous ne connaissions d'eux que la blessure: l'homme repartait, encore plongé dans le sommeil; nous avions pris, pour lui, toutes décisions sans, pour ainsi dire, avoir entendu sa voix ni considéré son visage.

On évitait l'encombrement en évacuant d'urgence tous les opérés soustraits aux menaces de complications. On en chargeait les automobiles qui se succédaient sans arrêt à la porte. Certaines revenaient, quelques instants plus tard, criblées d'éclats; le conducteur n'avait pas eu la chance de passer entre les obus, et il était souvent blessé lui-même. Il arrivait pareillement aux brancardiers circulant sur la route d'être atteints à leur tour et ramenés sur leur propre brouette.

Un soir, on donna « l'alerte de gaz ». Des bouffées de vent arrivaient, entraînant une âcre odeur. Tous les blessés reçurent, par précaution, le masque et les lunettes. On pendit ces objets à la tête du lit des agonisants, et l'on attendit. La vague, heureusement, ne vint pas complètement jusqu'à nous.

Un blessé fut apporté ce soir-là, porteur de diverses plaies causées par « un obus à gaz ». Ses yeux étaient complètement enfouis sous les paupières tuméfiées. Ses vêtements étaient si profondément imprégnés par le poison que nous fûmes tous pris de toux et de larmoiement et qu'il persista longtemps dans la salle une pénétrante odeur d'ail et de bonbon anglais.

Maintes choses demeurent toujours forcément imprévues, et je songeais, pendant cette alerte, aux opérés, plongés dans le sommeil chloroformique, et qu'il faudrait laisser s'éveiller pour les masquer sans retard, ou alors . . .

*

Eh bien, au milieu de cette incroyable tragédie, le rire n'était pas complètement éteint. C'est peut-être une des particularités ou des grandeurs de notre race, c'est sans doute, plus généralement, un impérieux besoin de l'humanité entière.

Certains blessés mettaient leur orgueil à plaisanter, et ils le faisaient avec des mots auxquels les circonstances prêtaient un pittoresque poignant. Cela nous arrachait un rire qui ressemblait assez à l'émotion des larmes.

J'aperçus, un matin, dans la salle de triage, un gros homme frisé qui avait un pied emporté et toutes sortes de plaies et de fractures aux deux jambes. Tout cela, plus ou moins mal pansé, à même les vêtements, dans le creux du brancard empesé de sang. Comme j'appelais les brancardiers et considérais ce tableau, le gros homme se dressa sur son coude et me dit:

« Donnez-moi donc une cigarette. »

Puis il se mit à fumer en racontant des balivernes et en faisant de beaux sourires. On l'amputa d'une cuisse et, dès son réveil, il exigea une autre cigarette et mit en gaieté tous les infirmiers.

Comme, en le quittant, je demandais à cet homme extraordinaire quelle était sa profession, il me répondit modestement:

« Je suis employé à la compagnie de Vichy. »

Les infirmiers surtout, presque tous gens simples, éprouvaient, au comble de la fatigue, un besoin de rire qui prenait prétexte de la moindre chose, et principalement du danger. L'un d'eux, nommé Tailleur, espèce de paillasse* à l'allure de valet de bourreau, s'écriait dès les premières explosions d'une rafale d'obus:

« Numérotez vos abatis,* garez votre caberleau!* Voilà les bigorneaux* qui dégringolent. »

Aussitôt, tout mon petit monde se mettait à rire. Je n'osais pas le leur reprocher, parce que leurs visages étaient presque décomposés de lassitude et que ce moment de gaieté lugubre les empêchait toujours de s'endormir debout.

Ce même Tailleur ne pouvait s'empêcher, quand les explosions se rapprochaient par trop, de s'écrier:

« Je ne veux pas être tué par une brique, moi! Je vais dehors. »

Je le regardais en souriant, et il répétait:

« Moi, je m'en vais d'ici », tout en roulant soigneusement les bandes de pansement, ce qu'il faisait avec une grande adresse.

Son mélange de terreur et de fanfaronnade nous donnait une continuelle comédie. Une nuit, des poches d'un blessé on vit tomber une grenade. Malgré les ordres, Tailleur, qui ignorait tout à fait le maniement de ces engins, ne put se retenir de la tripoter* longuement avec une curiosité et une inquiétude bouffonnes.

Un jour, un porc destiné à notre alimentation fut tué dans la porcherie par des éclats d'obus. On le mangea, et un infirmier ayant trouvé des morceaux de métal dans sa portion de viande, ce fut l'occasion de nombreuses plaisanteries.

Pendant quinze jours, il nous fut impossible de sortir de l'ambulance. Notre plus grande promenade était d'aller jusqu'au terrain vague où l'on avait établi un cimetière que les obus menaçaient de labourer. Ce cimetière prenait une extension considérable. Comme il faut huit heures de travail pour qu'un homme creuse la tombe d'un homme, une équipe nombreuse devait piocher tout le jour afin d'assurer une place à chaque cadavre.

Quelquefois, nous passions par la baraque de bois où l'on avait installé la morgue. Le père Duval, le plus vieux de nos infirmiers, y travaillait tout le jour à coudre des suaires de grosse toile, assis en face de tous « ses » morts.

Ils étaient rangés par terre, côte à côte, et soigneusement ensevelis dans leurs linceuls, des pieds joints, les mains croisées sur la poitrine, quand ils possédaient encore des mains et des pieds. Duval s'occupait aussi des débris humains et leur assurait une sépulture convenable.

Ainsi nous n'étions pas là seulement pour soigner les vivants, mais aussi pour honorer les morts. Le souci de ce qu'on appelle pompeusement leur « succession » incombait à S***, notre administrateur. C'est lui qui recueillait dans un petit sac de toile tous les papiers et menus objets ayant appartenu aux victimes. Il consumait ses journées et ses nuits dans une bureaucratie funèbre, inévitable même sous le feu de l'ennemi. Sa besogne n'était d'ailleurs point exempte de certaines difficultés morales; c'est une carte de femme* qu'on ne pouvait absolument pas faire parvenir à la famille, et, une autre fois, une collection de chansons telles qu'après conciliabule on décida de les brûler.

Purifions la mémoire des martyrs!

*

Nous eûmes à soigner plusieurs blessés allemands. L'un d'eux, à qui je dus couper une cuisse, me prodigua, dans sa langue, toutes sortes de remerciements; il était resté six jours étendu sur un terrain balayé par l'artillerie et considérait avec stupeur son retour à la vie et les soins dont il se trouvait l'objet.

Un autre, qui avait un bras brisé, nous importuna par sa prodigieuse malpropreté. Avant de l'endormir, je lui fis retirer de sa bouche un dentier qu'il avoua n'avoir pas déplacé depuis plusieurs mois et qui exhalait une puanteur inimaginable.

Je me souviens aussi d'un blondin d'aspect assez froid qui me dit tout à coup « adieu », avec une lippe semblable à celle d'un enfant qui va pleurer.

L'interprète du quartier général, mon ami C***, venait les visiter tous, dès qu'ils étaient sortis de l'hébétude, et il les interrogeait avec une patience placide, confrontant toutes ces dépositions pour y puiser quelque sûr indice.

*

Ainsi les jours et les nuits se passaient dans un labeur incessant, sous une continuelle menace, au sein d'une fatigue générale qui allait croissant et prêtait à toutes choses les aspects et la consistance qu'elles ont pendant le cauchemar.

La monotonie même de cette existence était faite avec mille détails dramatiques dont chacun eût fait événement dans une vie normale. Je revois, comme à travers le brouillard des rêves, l'ordonnance* d'un capitaine, sanglotant au chevet du moribond et couvrant ses mains de baisers. J'entends encore ce petit garçon vidé de sang me dire, d'une voix suppliante: « Sauvez-moi, docteur! Sauvez-moi, pour ma mère . . . » et je pense qu'il faut avoir entendu ces phrases-là dans de tels endroits pour les bien comprendre, je pense qu'il faut tous les jours se faire une idée plus exacte, plus stricte, plus pathétique de la souffrance et de la mort.

Un dimanche soir, le bombardement reprit avec une réelle violence. Nous venions d'évacuer le général S***, qui fumait sur son brancard et devisait avec un calme allègre; j'étais en train d'opérer un fantassin qui portait aux bras et aux cuisses des plaies larges et profondes. Il se fit tout à coup une grande rumeur. Une rafale d'obus s'abattait sur l'hôpital. J'entendis un bruit de démolition qui ébranla rudement le sol et les murailles, puis des pas précipités et des cris dans le couloir.

Je regardais l'homme dormir, j'écoutais ses longues inspirations ronflantes, et j'enviais presque son oubli de toutes choses, la dissolution de son être dans un séjour ténébreux, si voisin de la mort libératrice. Mon travail fini, je fus voir les dégâts.

Un obus était tombé au coin du bâtiment, enfonçant les fenêtres de trois salles, projetant des pierres en tous sens et criblant d'éclats énormes les plafonds et les murailles. Les blessés gémissaient dans les flots d'une fumée âcre. Ils étaient couchés si près du sol qu'ils n'avaient reçu que des plâtras et des éclats de verre; mais la commotion* fut telle qu'ils moururent presque tous dans l'heure qui suivit.

Dès le lendemain, on décida de nous changer de place, et nous nous disposâmes à enlever nos blessés et à reporter notre ambulance un peu plus loin.

Il faisait un jour fort limpide. En face de nous, la grand-route était couverte d'hommes que des automobiles déposaient par paquets, de minute en minute. Nous achevions les dernières opérations et regardions parfois ces hommes rassemblés au soleil, sur les talus et dans les fossés. Vers une heure de l'après-midi, l'air fut fouaillé* par le sifflement des « marmites » et quelques obus tombèrent dans le tas des hommes assemblés. Nous les vîmes s'écarter à travers la fumée ocreuse et s'aller coucher un peu plus loin dans les champs. Beaucoup ne bougèrent même pas. Des brancardiers vinrent aussitôt, en traversant la prairie, nous apporter deux morts et neuf blessés qui furent placés sur les tables d'opérations.

En leur donnant des soins, pendant l'heure suivante, nous regardions avec angoisse les groupes toujours plus denses des hommes demeurés là-bas, et nous nous demandions s'ils n'allaient pas bientôt partir. Mais ils restaient là, et, de nouveau, nous entendîmes, sourdement, les coups de départ, puis les sifflements sur nos têtes et les explosions d'une dizaine d'obus tombant sur les hommes. Pressés à la fenêtre, nous assistâmes au massacre, attendant qu'on nous apportât les victimes. Mon camarade M*** me fit remarquer un soldat qui remontait la pente du gazon, de l'autre côté de la route, et que les obus semblaient poursuivre.

Ce furent les derniers blessés que nous reçûmes au faubourg de G***. Trois heures après, nous recommencions à quelque distance, la même existence et le même labeur, et cela pour des semaines encore.

Ce fut ainsi jusqu'au jour où, emportés à notre tour par les automobiles de la grand-route, nous fûmes déposés au bord d'une belle rivière dans un hameau où il y avait des arbres en fleur, et où nous fûmes réveillés, le lendemain matin, par le son des cloches et la voix des femmes.

# LA GRÂCE

On dit que tous les hommes sont égaux devant la souffrance; mais je sais bien que ce n'est pas vrai.

Auger! Auger! humble vannier* de la Charente, qui donc es-tu, toi qui ne sembles pas malheureux de souffrir? Pourquoi es-tu touché de la grâce, et pourquoi Grégoire n'est-il pas touché? Pourquoi es-tu le prince d'un monde où Grégoire n'est qu'un paria?

Bonnes mesdames qui passez dans les salles où reposent les blessés de la grande guerre, et qui leur donnez des cigarettes et des bonbons, venez avec moi.

Nous traversons la grande salle du premier étage, celle dont les fenêtres sont caressées par les rameaux des marronniers. Je ne vous montrerai pas Auger, vous saurez bien le reconnaître, vous saurez même lui donner la plus grande part de cigarettes et de bonbons. Mais si je ne vous montre pas Grégoire, vous partirez sans l'avoir vu, et il ne mangera pas de bonbons, et il n'aura rien à fumer.

*

Ce n'est pas à cause de cela que je dis de Grégoire qu'il est un paria. C'est pour une chose bien plus triste et bien plus secrète: Grégoire n'a pas de courage, en outre il n'est pas ce qu'on appelle un bon blessé.

En général, les gens qui soignent les autres appellent « bon blessé » l'homme qui ne leur donne pas trop d'ennui. A ce compte*, tout le monde, dans l'hôpital, vous dira que Grégoire n'est certes pas un bon blessé.

Toute la journée, il est couché sur son côté gauche à cause de sa plaie, et il regarde le mur. Je lui ai dit, dès les premiers jours:

« Je vais te faire changer de lit et te mettre dans l'autre coin; comme ça, tu verras tes camarades. »

Il m'a répondu avec sa voix sourde et bourrue:

« Pas la peine! Je suis ben* comme ça.

- Mais tu ne peux voir que le mur.

- C'est ben assez. »

Il est donc resté dans son coin, et c'est là qu'on vient le chercher tous les matins.

A peine les brancardiers ont-ils posé la main sur son lit, Grégoire se met à crier d'un ton rageur et triste:

« Ah! mais, me remuez pas comme ça! Ah! mais, faut pas* me toucher. »

Les brancardiers que je lui envoie sont des gens bien doux, toujours les mêmes: le gros Paffin qui est un cordonnier obèse et bègue, et M. Bouin, un professeur de mathématiques, à la barbe grise, au geste méticuleux.

Ils saisissent Grégoire avec les plus grandes précautions pour le poser sur le brancard. Le blessé critique hargneusement tous leurs gestes.

« Ah! mais, me tournez pas comme ça! Et pis* faut me tenir ma jambe mieux que ça! »

Paffin sue à grosses gouttes. Le lorgnon de M. Bouin tombe à terre. Enfin le blessé est emporté.

Dès son entrée dans la salle de pansements, Grégoire blêmit un peu et la sueur perle sur son front. Sa rude barbe fauve tremble, poil par poil.

Je devine tout cela et lui adresse de loin quelques paroles d'encouragement:

« Ton affaire va être réglée en deux minutes, ce matin, Grégoire. Tu n'auras pas le temps de dire ouf! »

Il observe un silence grognon, plein de réserve. Il a l'air du condamné qui attend l'instant du supplice. Il est si préoccupé, qu'il ne songe même pas à répondre quand le sarcastique sergent passe devant lui en disant:

« Voilà notre rouspéteur! »*

Et on le pose enfin sur la table que les blessés appellent « le billard ».*

Alors, cela devient pénible. Je sens tout de suite que, quoi que je fasse, Grégoire va souffrir. Je découvre la plaie de sa hanche, et il crie. Je lave la plaie avec prudence, et il crie. Je sonde doucement, bien doucement la plaie d'où sortent de petits morceaux d'os, et il pousse d'inconcevables hurlements. Je vois sa langue qui tremble dans sa bouche ouverte. Ses mains tremblent dans les mains qui les contiennent. J'ai l'impression que chacune des fibres de son corps tremble, et que les rouges bourgeons de la blessure tremblent et se rétractent. Malgré ma résolution, cette misère m'affecte, et je me demande si une espèce de contagion ne va pas me faire trembler aussi. Je lui dis:

« Un peu de patience, mon pauvre Grégoire! »

Il répond, d'une voix dénaturée par la peur et la douleur:

« C'est plus fort que moué! »*

J'ajoute pour dire quelque chose:

« Un peu de courage. »

Il ne répond même pas, et je comprends que l'engager à montrer du courage, c'est lui conseiller une chose impossible, comme d'avoir les yeux noirs, à lui qui les a d'un bleu pâle.

Le pansement s'achève au milieu d'une gêne générale. Rien ne pourra m'enlever l'idée qu'à cette minute Grégoire me déteste. Pendant qu'on l'emporte, je me demande avec amertume: pourquoi Grégoire est-il ainsi privé de la grâce, pourquoi ne sait-il pas souffrir?

Le sergent éponge la table en disant:

« Il y met de la mauvaise volonté. »

Eh bien, le sergent se trompe. Grégoire n'y met pas de mauvaise volonté. Parfois, je devine, à un froncement de ses sourcils, qu'il fait un effort pour résister à la souffrance, pour l'accueillir d'un cœur plus ferme et plus allègre. Mais il ne sait pas faire l'effort nécessaire.

Si l'on vous demandait de soulever une locomotive, vous feriez peut-être aussi un effort; vous le feriez sans confiance et sans succès. Alors, ne dites pas de mal de Grégoire.

Grégoire ne sait pas souffrir comme on ne sait pas parler une langue étrangère.* Seulement, il est plus facile d'apprendre le chinois que d'apprendre le métier de la douleur.

Quand je dis qu'il ne sait pas souffrir, j'entends qu'il souffre, hélas! beaucoup plus que les autres. Je connais la chair humaine, et il y a des signes qui ne me trompent pas.

Grégoire s'y prend mal. Il fait songer aux enfants qui ont si peur des chiens qu'ils sont destinés à être mordus. Grégoire tremble tout de suite; les chiens de la douleur se jettent sur l'homme sans défense et le terrassent.

*

Une grande charge de tourments, c'est lourd pour un homme seul, mais c'est supportable quand on est aidé. Malheureusement, Grégoire n'a pas d'amis. Il ne fait rien pour en avoir, on dirait qu'il n'en veut pas.

Il n'est pas grossier, brutal, fort en gueule,* comme cet animal de Groult qui amuse toute la salle. Il n'est que terne et « renfermé ».

Il ne dit pas souvent merci quand on lui offre quelque chose, et il y a beaucoup de gens assez susceptibles pour s'en froisser.

Quand je m'assieds près de son lit, il ne témoigne en aucune façon que ma visite lui fasse plaisir.

Je lui demande:

« Quel métier faisais-tu, dans le civil? »

Il met quelque temps à me répondre:

« Des bricoles . . .* Je m'occupais à farder,* de droite et de gauche.*

- Tu es marié?

- Oui.

- Tu as des enfants?

- Oui.
- Combien?
- Trois. »

La conversation manque d'aliments. Je me lève et dis:

« A demain, Grégoire!

- Vous allez core* me faire du mal! »

Je le rassure ou, du moins, j'essaie de le rassurer; puis, pour ne pas partir sur une mauvaise impression, je demande:

« Comment as-tu été blessé? »

Il rassemble ses souvenirs et répond laconiquement:

« Ben, dans le parmi de* la plaine, avec les autres. »

C'est tout. Je m'en vais. Les yeux de Grégoire me suivent une seconde, et je ne peux même pas savoir s'il est content ou fâché de ma visite.

Adieu, mon pauvre Grégoire! Je traverse la salle et vais m'asseoir à côté d'Auger.

*

Auger est en train de tenir à jour son « cahier ».

C'est un gros registre dont on lui a fait cadeau et sur lequel il note les choses importantes de sa vie.

Auger a une grosse écriture ronde d'écolier. Oh! il sait juste écrire pour ses besoins, et je dirai presque pour son plaisir.

« Voulez-vous regarder mon cahier? » dit-il.

Et il me le tend, de l'air d'un homme qui n'a pas de secrets.

Auger reçoit beaucoup de lettres, et les recopie soigneusement, surtout quand elles sont belles et empreintes de sentiments généreux. Son lieutenant, par example, lui a écrit une remarquable lettre.

Il copie aussi, sur son cahier, les lettres qu'il écrit à sa femme et à sa fillette. Puis on y voit les faits du jour: « Pansement à dix heures du matin. Le pus diminue. Visite, après la soupe, de madame la princesse Moreau qui distribue des polos* à tout le monde; j'en ai un beau vert! Le petit homme qui avait si tellement* mal au ventre est mort à deux heures . . . »

Auger referme son cahier et le place sous son polochon.

Il a une figure qu'on ne peut regarder sans contentement. Le teint est vif et chaud, les cheveux drus, un peu bouclés. Une moustache d'adolescent, un menton bien rasé, divisé par une fossette pleine de gaieté, des yeux qui semblent ouverts sur un paysage souriant, habité par des eaux courantes et du soleil.

« Je vais bien, me dit-il avec une satisfaction tranquille. Voulez-vous voir Mariette? »

Il soulève le drap et je vois l'appareil dans lequel nous avons placé le moignon de sa jambe. Cela fait une grosse « poupée » blanche qu'il prend en riant dans ses deux mains et à laquelle il a donné le nom familier de Mariette.

Auger était sapeur du génie.* Un obus lui a cassé la cuisse et arraché le pied. Comme ce pied pendait encore par un bout de chair, Auger a tiré son couteau de sa poche et s'est débarrassé tout à fait de son pied, puis il a dit à ses camarades devenus verts de terreur: « Eh bien, les amis, tout va bien! Il n'y a pas grand-chose de perdu. Emportez-moi voir un peu d'ici. »

« Souffrais-tu beaucoup? lui dis-je.

– Eh bien, monsieur, moins qu'on ne pourrait croire. Sincèrement, ça ne me faisait pas fort, fort mal. Après, dame,* la douleur est venue. »

Et je comprends pourquoi l'on aime Auger: c'est qu'il est rassurant. A le voir, à l'entendre, on juge que la souffrance n'est pas une chose si affreuse . . . Ceux qui vivent loin du champ de bataille, et qui visitent les hôpitaux pour y prendre un peu l'air de la guerre, regardent Auger et s'en vont contents de tout: des événements, de lui et d'eux-mêmes. Ils trouvent que le pays est bien défendu, que les soldats sont braves et que les blessures, les mutilations sont des choses, à coup sûr, sérieuses, mais supportables.

*

Pourtant, pour Auger aussi la douleur est venue. Seulement il y a façon de la prendre.

Il souffre d'une façon éclairée, intelligente, presque méthodique. Il ne brouille pas toutes choses, et ne se plaint pas à tort et à travers. Même aux mains des autres, il reste l'homme qui a su s'amputer lui-même et achever l'œuvre de la mitraille. Il est trop modeste et trop respectueux pour donner des conseils au chirurgien, mais il lui fournit de précieux renseignements.

Il dit:

« Là, vous êtes contre l'os, ça me fait mal. Là, vous pouvez gratter, je ne sens pas grand-chose. Attention! vous appuyez un peu fort. Na! Na! Vous pouvez y aller, je vois ce que c'est. »

Et voilà comment nous travaillons ensemble.

« Qu'est-ce que vous faites? Ah! vous lavez? Ça, j'aime ça! Ça me fait du bien! Bon sang! Frottez encore un peu à cette place-là! Si vous saviez ce que* ça me démange. Ah! pour passer le tube, faudra me prévenir que je m'accroche à la table. »

Et le travail se fait à merveille. Auger guérira très vite et très bien. Avec lui, on n'hésite jamais à faire le nécessaire. J'ai voulu l'endormir, pour gratter l'os de sa jambe. Auger m'a dit:

« J'ai une idée que ça ne sera pas bien terrible. Si ça ne vous fait rien, ne m'endormez pas et faites votre affaire, je me charge du reste.

– Veux-tu apprendre la chanson des cochons qui pètent?

– Comment qu'elle est faite, ta chanson? »

Le sergent commence, d'une voix suraiguë:

*Quand, en passant dedans la plai-ai-ne,*
*On entend les cochons péter,*
*Cela prouve d'une façon certai-ai-ne*
*Qu'ils n'ont pas l'trôôô du . . . bouché.* *

Auger se met à rire; tout le monde se met à rire. Et, cependant, nous sommes penchés sur la jambe malade et nous faisons notre travail.

« Maintenant, répète », dit le sergent.

Il reprend, vers à vers, et Auger l'accompagne:

*Quand, en passant dedans la plai-ai-ne . . .*

Auger s'arrête parfois pour esquisser une grimace. Parfois aussi, la voix déraille. Il s'en excuse simplement:

« J'ai jamais chanté bien juste. »

C'est égal, la chanson est apprise, tant bien que mal, et quand le général viendra visiter l'hôpital, Auger lui dira:

« Mon général, je peux vous chanter une belle chanson. »

Et il la chanterait, le bougre, si le médecin-chef ne lui faisait les gros yeux.

*

C'est une chose fort triste, après cela, que de soigner Grégoire et de l'entendre gémir:

« Ah! Mais, tirez pas comme ça, vous m'arrachez le cœur! »

Je lui fais remarquer que, s'il ne se laisse pas soigner, il sera plus malade. Alors il pleure:

« Ça m'est ben égal, pisque j'vas* périr . . . »

Il a découragé les infirmiers, les brancardiers, tout le monde. Il ne me décourage pas; mais il me donne beaucoup de peine.

Vous tous, messieurs, qui vous réunissez pour parler des causes de la guerre, de la fin de la guerre, de l'usure des effectifs et des bases de la société future, excusez-moi de ne point vous donner mon opinion sur ces graves questions; je suis vraiment trop occupé par la plaie de ce malheureux Grégoire.

Elle n'est pas satisfaisante, cette plaie, et, quand je la regarde, je ne peux plus penser à autre chose: les cris du blessé m'empêcheraient d'envisager assez tranquillement avec vous les conditions de la grande bataille et les résultats d'un remaniement de la carte d'Europe.

Entendez: Grégoire me dit qu'il va périr. Je pense, j'espère qu'il se trompe. Il n'en mourra pas moins si l'on ne prend pas sur soi de le faire souffrir. Il mourra, car tout le monde l'abandonne. Et il y a longtemps qu'il s'est lui-même abandonné.

*

« Mon cher, explique Auger à un infirmier très prétentieux, c'est sans doute désagréable de n'avoir qu'un soulier à mettre, mais ça permet de faire des économies. Et puis, maintenant, j'ai moitié moins de chances que toi d'égratigner ma femme, dans le lit, avec mes ongles de pied.

– Parfaitement, appuie le sergent, avec Mariette il la caresse, pour ainsi dire, sa dame. »

Auger et le sergent rigolent comme deux bons compères. L'infirmier, un peu confus, ne trouve rien à objecter et s'éloigne en riant par convenance.

Je m'assieds auprès d'Auger et nous demeurons seuls.

« Je suis vannier, me dit-il gravement. Je pourrai tant bien que mal reprendre mon métier. Mais voyez Groult, avec une main de moins, voyez Lerondeau, avec sa patte folle, des cultivateurs . . . Comme c'est pénible! »

Auger roule les *r* d'une certaine façon qui donne à son langage de la saveur et de l'énergie. Il parle des autres avec une générosité naturelle, qui vient des profondeurs, comme son regard, et qui sonne net, comme sa voix. Et puis, il n'a vraiment rien à envier à personne. Je vous l'ai dit: c'est un prince.

« J'ai de belles visites, me dit-il. Il est encore venu, tout à l'heure, une dame qui m'a laissé cette grande boîte de bonbons. Prenez un bonbon, monsieur; vous me ferez plaisir. Voulez-vous en offrir aux camarades, s'il vous plaît, de ma part? »

Il ajoute plus bas:

« Regardez sous mon lit. J'y mets tout ce que l'on me donne. Voyez: c'est trop! J'en suis honteux. Il y en a ici à qui on ne donne jamais rien et qui ont fait leur devoir tout aussi bien que moi, et qui sont des braves. »

En effet, il y a beaucoup de braves soldats dans la salle, pourtant on n'a donné qu'une médaille militaire, et c'est Auger qui l'a eue. On lui a fait une véritable fête; les camarades s'y sont associés de tout leur cœur, car, chose invraisemblable, personne n'est jaloux d'Auger. O merveille! Quel est donc le prince qui n'a pas de jaloux?

« Vous vous en allez? dit Auger. Passez donc dire un petit bonjour à Groult. Il est grognon, mais il aime la conversation. »

*

Auger m'a donné une leçon. J'irai fumer une cigarette avec Groult. J'irai surtout voir Grégoire.

Groult n'est pas encore complètement négligé: c'est un original, une mauvaise tête. On le montre comme une bête curieuse: il a sa part de cadeaux et d'attentions.

Mais Grégoire n'est connu de personne; il regarde le mur, il maigrit, et la mort seule semble s'intéresser à lui.

Tu ne mourras pas, Grégoire! Je fais le serment de m'attacher à toi, de souffrir avec toi et de supporter ta mauvaise humeur avec humilité. Puisque tu es malheureux pour tout un monde, tu ne seras pas malheureux tout seul.

Bonnes mesdames qui venez voir nos blessés et leur distribuer des livres d'images, des bonnets tricolores et des papillotes,* n'oubliez pas Grégoire, qui est malheureux. Surtout, surtout, donnez-lui votre plus beau sourire.

Vous partez, contentes de vous-mêmes, parce que vous avez été généreuses envers Auger. Mais, il n'y a pas de mérite à faire plaisir à Auger. Avec une seule de ses histoires, une seule de ses poignées de main, il vous donne beaucoup plus que vous ne lui donnez vous-mêmes. Il vous donne la confiance; il vous rend la tranquillité de l'âme.

Allez voir Grégoire qui ne sait donner que sa souffrance et qui a failli donner sa vie.

Si vous partez sans un sourire à Grégoire, craignez d'avoir méconnu votre tâche. Et n'exigez pas qu'il vous rende votre sourire: quelle serait alors votre libéralité?

Il est facile d'avoir de la pitié pour Auger, qui n'en a nul besoin. Il est difficile d'en avoir pour Grégoire, et pourtant, qu'il est pitoyable!

Ne l'oubliez pas, Auger est touché de la grâce. Mais Grégoire est damné si vous ne lui tendez pas la main.

Dieu lui-même doit avoir pitié des damnés, lui qui leur a refusé la grâce.*

C'est un bien naïf besoin d'égalité qui nous fait dire que les hommes sont égaux devant la souffrance. Non! non! les hommes ne sont pas égaux devant la souffrance. Et, comme nous ne connaissons de la mort que ce qui la précède et la détermine, les hommes ne sont même pas égaux devant la mort.

# LA TROISIÈME SYMPHONIE

Tous les matins, les brancardiers descendaient le vice-feldwebel* Spät à la salle des pansements, et son entrée y jetait toujours un certain froid.

Il y a des blessés allemands que les bons traitements, la souffrance, ou d'autres mobiles amènent à composition* et qui acceptent ce qu'on fait pour eux avec une certaine reconnaissance. Ce n'était pas le cas de Spät. Pendant des semaines, nous avions fait maints efforts pour l'arracher à la mort, puis pour adoucir ses souffrances, sans qu'il témoignât la moindre satisfaction, ni nous adressât le plus sommaire remerciement.

Il savait quelque peu de français, qu'il utilisait strictement pour ses besoins matériels, pour dire par exemple: « Un peu plus de coton sous le pied, monsieur! » ou encore: « Y a-t-il fièvre, ce jour? »

A part cela, il nous montrait toujours le même visage glacial, le même regard pâle, dur, bordé de cils décolorés. A de certains indices, nous pouvions deviner que cet homme était intelligent et instruit; mais il restait visiblement dominé par une haine vivace et par un étroit souci de sa dignité.

Il souffrait avec courage, et comme quelqu'un qui applique son amour-propre à réprimer les plus légitimes réactions de la chair blessée. Je ne me souviens guère de l'avoir entendu crier, ce qui m'aurait d'ailleurs semblé fort naturel et n'aurait en rien modifié mon opinion sur M. Spät. Il geignait seulement, avec le « han! » sourd d'un bûcheron qui abat la cognée.*

Un jour, nous avions dû l'endormir pour débrider les plaies de sa jambe; il était devenu très rouge et avait dit, d'un ton presque suppliant: « Pas couper, monsieur, n'est-ce pas? Pas couper! » Dès le réveil, il avait retrouvé tout aussitôt son attitude hostile et compassée.

A la longue, j'avais cessé de croire que ses traits fussent jamais capables d'exprimer autre chose que cette animosité contenue. Je fus détrompé par une circonstance imprévue.

Le fait de siffloter entre ses dents traduit, chez moi, comme chez beaucoup d'autres personnes, une certaine préoccupation. C'est peut-être inconvenant, mais j'éprouve souvent le besoin de siffler entre mes dents et surtout quand je m'applique à de sérieuses besognes.

Un matin donc, j'achevais le pansement du feldwebel Spät en sifflotant distraitement je ne sais quoi. Je ne regardais que sa jambe et ne m'occupais guère de son visage, quand j'eus tout à coup la sensation curieuse que le regard qu'il fixait sur moi venait de changer de nature, et je levai les yeux.

Certes, une chose extraordinaire se passait: détendue, animée d'une sorte de chaleur et de contentement, la figure de l'Allemand souriait, souriait, et je ne le reconnaissais plus. Je ne pouvais croire qu'avec les traits qu'il nous montrait d'habitude il eût pu improviser ce visage-là, qui était sensible et confiant.

« Dites, monsieur, murmura-t-il, c'est troisième symphonie, n'est-ce pas? Vous, comment dire . . . sifflez, c'est le mot? »

D'abord, je m'arrêtai de siffler. Je répondis ensuite: « Oui! je crois que c'est la troisième symphonie », puis je demeurai silencieux et troublé.

Par-dessus l'abîme, un frêle pont venait d'être tendu soudain.*

La chose dura quelques secondes, et j'y rêvais encore quand je sentis de nouveau tomber sur moi une ombre glaciale, irrévocable, qui était le regard adversaire de M. Spät.

# VISAGE

Large front au dessin presque gracieux, regard profond et puéril, menton à fossette, moustache orgueilleuse, allègre amertume de la bouche, je me souviendrai de vous, visage français, bien que je ne vous aie pu voir qu'une seule seconde, à la lueur bondissante d'une allumette.

Le train qui va de Châlons à Sainte-Menehould remontait, tous feux éteints, dans la nuit d'automne; c'était en 1916. Le front de Champagne, calme alors, somnolait, sur notre gauche, du sommeil des cratères: un sommeil plein de cauchemars, de sursauts et d'éclairs. Nous divisions les ténèbres, pénétrant lentement dans une campagne misérable, que l'on devinait encore enlaidie par le hideux appareil guerrier. Le petit train clopinait, ahanait, un peu hésitant, comme un aveugle qui connaît son chemin.

Je revenais de permission. J'étais souffrant et allongé sur une banquette. En face de moi, trois officiers causaient. Leurs voix étaient celles de jeunes hommes, leur expérience militaire celle de vieillards. Ils rejoignaient leur régiment.

« Ce secteur, dit l'un d'eux, est calme en ce moment.

– A coup sûr, dit l'autre, nous voici tranquilles jusqu'au printemps. »

Une sorte de silence suivit, harcelé par le claquement des rails sous les roues. Alors une voix mordante, juvénile, rieuse, dit presque bas:

« Oh! on nous fera sans doute faire encore une bêtise avant le printemps . . . »

Puis, sans transition, l'homme qui venait de parler ajouta:

« Ce sera la douzième fois que j'irai à l'assaut. Mais j'ai de la veine: je n'ai été blessé qu'une fois. »

Ces deux phrases retentissaient encore à mes oreilles quand celui qui les avait prononcées fit flamber une allumette et se mit à fumer. La lueur éclaira furtivement un charmant visage. L'homme appartenait à un corps réputé. Les insignes des suprêmes récompenses que l'on peut accorder aux jeunes officiers luisaient sur sa vareuse d'ocre. Toute sa personne respirait un courage tranquille et raisonneur.

La nuit reprit possession de l'espace. Mais y aura-t-il jamais nuit assez épaisse pour me ravir l'image entrevue dans cet éclair? Y aura-t-il jamais silence assez pesant pour étouffer l'écho des deux petites phrases murmurées dans le bourdonnement du train?

J'y ai souvent songé depuis, chaque fois que, comme ce soir-là, plein d'angoisse et d'amour, je me suis tourné tour à tour vers le passé et vers l'avenir de ces Français, mes frères, qui, en si grand nombre, ont accepté de mourir sans renoncer à exprimer ce qui leur tenait au cœur, de ces Français dont le monde connaît trop mal et la grandeur d'âme, et l'indomptable intelligence et la touchante naïveté.

Pourrais-je n'y pas songer, alors que se consomme le long martyre d'un peuple admirable qui cherche seul, à travers une nuit sans rivage, d'où lui viendront l'ordre et le salut?

# LE LIEUTENANT DAUCHE

Ce fut au mois d'octobre 1915 que je fis la connaissance du lieutenant Dauche.

Je ne peux me rappeler cette époque sans une émotion profonde. Nous venions de vivre devant Sapigneul des semaines brûlantes: l'offensive de Champagne avait longuement grondé sur notre droite, et ses derniers remous déferlaient jusqu'à notre secteur, comme les vagues égarées d'un cyclone marin dont la fureur s'épuise au large. Pendant trois jours, notre canon avait fait écho à celui de la Pouilleuse* et nous avions attendu, l'arme au pied, un ordre qui n'était pas venu. Nous avions l'âme trouble et vide, encore titubante de l'espèce d'ivresse sonore que procure un bombardement prolongé. Nous étions à la fois soulagés de n'avoir point à faire un assaut meurtrier, et inquiets des raisons qui nous en avaient dispensés.

C'est alors que je fus blessé pour la première fois. Le hasard des évacuations me dirigea sur le château de S***, qui est un médiocre ornement pour le pays rémois, mais qui s'élève au sein de verdures aimables et contemple, à flanc de coteau, le délicat vallon de la Vesle.

Ma blessure, sans gravité, était pourtant douloureuse. Elle me valut quelque peu de fièvre et un goût vif pour le silence et la solitude morale. Je me plus à demeurer, pendant de longues heures, en compagnie d'une souffrance physique supportable, qui me donnait à éprouver ma patience et à réfléchir sur la vulnérabilité d'un organisme en lequel j'avais place jusque-là une opiniâtre confiance.

J'habitais une chambre souriante, embellie de toile de Jouy* et de peintures tendres. Mon lit l'occupait avec celui d'un autre officier qui errait à pas silencieux dans la pièce et se montrait respectueux de ma réserve. Un jour vint pourtant où je fus autorisé à prendre des aliments, et, ce jour-là, nous causâmes, sans doute parce que de vieilles traditions humaines inclinent à la conversation les gens qui se nourrissent en commun.

En dépit des dispositions d'esprit où je me trouvais, cet entretien me fut un plaisir et une ressource contre moi-même.

J'étais porté vers de sombres pensées, et tout à la tristesse de l'époque. Le lieutenant Dauche m'apparut d'abord comme une âme pleine de sérénité et de calme allégresse. Par la suite, je vis qu'il avait du mérite à conserver de telles vertus, à l'encontre d'une adversité soutenue et qui ne lui ménageait pas les épreuves.

Nous étions tous deux originaires de Lille; ce nous fut une raison de nous lier. L'aventure d'un héritage et les intérêts de sa situation avaient, de bonne heure, conduit Dauche à s'installer dans la Meuse et à s'y constituer un foyer. Il avait fait un mariage heureux et obtenu de sa jeune femme deux beaux bébés. Un troisième allait naître lorsque l'invasion allemande bouleversa la face de la France et du monde, réduisant à néant une entreprise industrielle prospère, séparant violemment Dauche de ses enfants et de sa femme, dont, depuis, il n'avait que les nouvelles les moins certaines et les moins rassurantes.

J'avais pareillement laissé en pays envahi mes affections et mes biens. Je ressentis, à l'endroit de Dauche, les effets de cette solidarité qu'engendre une même infortune. Je dus pourtant reconnaître que mon camarade supportait des maux plus grands que les miens d'un cœur plus ferme, encore que fort sensible, ainsi qu'il me le parut à maintes reprises.

Dauche était d'agréable stature. Il avait le teint coloré et les cheveux clairs de notre pays. Une fine barbe ornait et prolongeait un visage plein de douceur et de vie, tel qu'on en voit aux jeunes hommes dont les peintres flamands ont, avec bonheur et fréquence, figuré l'image: fraise* au col et lourde chaîne d'or luisant sur un pourpoint de velours ténébreux.

Un léger pansement lui ceignait le front. Il en semblait si peu incommodé que je négligeai, pendant quelque temps, de l'entretenir de sa blessure. D'ailleurs, il n'en faisait lui-même nullement état. Je vis, une fois, renouveler ses bandes et c'est alors qu'il m'expliqua, en peu de mots, comment un éclat de grenade l'avait atteint, au cours d'un coup de main.* Il affectait de traiter cet incident avec la plus parfaite insouciance.

« Rien ne m'attire à l'intérieur, ajouta-t-il avec un sourire mélancolique, et je projetais de retourner dès maintenant à mon corps; mais le médecin croit bon de s'y formellement opposer. »

Il avoua qu'il n'entrevoyait pas sans agrément de poursuivre sa convalescence dans ce château de S***, à qui l'automne prêtait de nobles parures.*

Dès la seconde semaine, et malgré l'étendue de ma plaie, qui siégeait à l'épaule, j'obtins de me lever pour faire quelques pas. Dauche m'y aidait avec une grâce fraternelle, et ce fut à ses encouragements que je dus de m'aventurer bientôt dans les allées du parc.

« Vous sortez avec le lieutenant Dauche, me dit, non sans embarras le médecin qui prenait soin de nous deux, faites en sorte de ne vous point écarter. »

Ce médecin était un homme taciturne. Je ne lui demandai pas d'éclaircissements: j'avais confiance en ma force retrouvée, et, par une pente d'esprit assez naturelle, je me croyais destinée la sollicitude du praticien.

Quelques jours passèrent, comblés par tout ce qu'il y a de chaleureux et d'éternellement jeune dans la naissance d'une amitié. La guerre, entre mille misères, nous a fait éprouver celle de vivre parfois en la société de gens qu'au temps de la paix nous eussions soigneusement éloignés de notre chemin. Ce fut donc avec une tremblante joie que je reconnus en Dauche les qualités dont ma nature, peut-être à l'excès inquiète et difficile, a besoin pour s'émouvoir d'affection. Je pense qu'il y a là une prédestination profonde: les hommes de ce temps qui peuvent devenir mes amis sont, de par l'univers, désignés, marqués d'un même signe mystérieux; mais je ne les connaîtrai pas tous et le destin n'aura peut-être point souci de me faire jamais rencontrer mon meilleur ami.

Les heures qu'il ne pleuvait pas, nous les passions, avec Dauche, en conversations sur les pentes de la colline où dévalait un opulent troupeau de hêtres et de sapins. Mon jeune ami percevait et jugeait les choses de la nature avec une candeur mêlée d'imprévu et d'ingéniosité qu'il n'est point commun d'observer ailleurs que chez l'enfant. Il parlait de son foyer dispersé avec une foi tenace et il engageait l'avenir avec cette gravité souriante qu'on ne voit d'ordinaire qu'aux hommes enivrés de religion ou égarés par la gloire et les succès.

Le soir, alors que l'approche de l'obscurité incline à l'impitoyable retour sur les événements et sur moi-même, il me conviait gaiement à quelque partie d'échecs, et ce jeu subtil nous conduisait jusqu'au seuil du sommeil.

*

Les contentements que me valait la fréquentation de Dauche m'amenèrent un jour à faire, devant notre médecin, un discret éloge de son caractère.

Ce médecin était un homme sur la fin de la jeunesse, grand, chauve et voûté, avec, dans son visage où s'éparpillait une barbe mal venue, un regard sombre, plein de timide bonté.

« Le sort, disais-je, ne choisit pas ses victimes. Il est déplorable qu'il s'attaque à des natures aussi généreuses, mais il est merveilleux qu'il ne parvienne pas à les altérer davantage. »

Nous devisions en marchant à pas mesurés sur un étroit chemin enfoui dans les coudriers.

Mon interlocuteur eut un singulier mouvement des épaules et jeta ses regards alentour comme pour s'assurer de notre solitude.

« Vous paraissez, me dit-il, prendre du plaisir à la compagnie de M. Dauche, et c'est chose fort naturelle. Je vous ai toutefois prié déjà de ne point pousser vos promenades communes trop à l'écart du château, et je dois vous renouveler cet avis. »

Le ton de ces paroles me remplit tout d'un coup d'une sorte d'angoisse et je ne cachai pas mon étonnement:

« Dauche, fis-je, me paraît poursuivre une convalescence fort calme. Redouteriez-vous quelque chose de cette égratignure au front? »

Le médecin s'était arrêté. De la pointe de sa botte, il s'occupait à déchausser une des pierres du chemin, et ne relevait point la tête.

« Cette égratignure, dit-il très vite, est une blessure beaucoup plus grave que vous ne le sauriez croire. »

Un silence pénible régna, et, comme je demeurais stupide,* le médecin poursuivit, avec des arrêts et des réticences:

« On commence à bien connaître ces blessures du crâne. Votre camarade ignore et doit ignorer la gravité de son état. Il ne sait même pas que le projectile dont il fut frappé n'a pu être extrait. Et si même la chose était possible . . . »

Puis, soudain, le praticien s'égara dans des considérations philosophiques où il semblait à la fois à l'aise et hésitant, comme dans un labyrinthe familier:

« Nous avons fait beaucoup, beaucoup! Nous avons même rendu la vie à certains morts; mais nous ne rendrons pas la vie à tous les morts. Il y avait des problèmes bien ardus. Nous pensons les avoir résolus: mais il y a des problèmes qu'on ne peut pas résoudre. Je ne parle pas de Dieu. L'idée même de Dieu semble s'être désintéressée de l'immense catastrophe. Je ne parle pas de Dieu, mais des hommes. Il faudrait leur dire des choses toutes simples: il y a des plaies que nous ne pouvons pas guérir; alors qu'on ne fasse plus de telles plaies, et le problème ne se posera plus. C'est une solution; mais les gens de ma profession sont trop orgueilleux pour la suggérer au monde, et le monde est trop affolé pour l'entendre. »*

J'étais assez respectueux de ces divagations pour n'en pas troubler le cours; pourtant, comme le silence reprenait, je murmurai tout bas:

« Vraiment, vous dites, ce projectile . . .

– Il est inaccessible, comprenez-vous, monsieur? Inaccessible! C'est un peu honteux pour un homme plein de vanité que d'avouer de telles choses, mais c'est encore assez honnête. Et puis c'est un fait: l'homme l'a mis là où il est; il est impuissant à l'y aller reprendre. »

Je me sentais troublé par la personnalité de mon interlocuteur et surtout très affecté de ses propos. Je balbutiai:

« Pourtant, on peut vivre, avec cela.

– Non. On peut seulement mourir. »

Nous continuâmes à marcher jusqu'à l'orée du bois. La grande lumière d'une prairie humide parut rappeler le médecin aux rites de son protocole social, car il dit d'une voix changée:

« Excusez-moi, monsieur, de vous avoir poussé vers des considérations qui demeurent forcément étrangères à votre pratique morale personnelle. Je ne suis pas fâché de vous avoir entretenu de Dauche à cette occasion. Il n'a pas, je crois, de proche famille dans la France libre. Vous vous intéressez à lui, je dois donc vous prévenir: c'est un homme perdu. J'ajouterai même, puisque vous recherchez sa compagnie, qu'il peut présenter, d'un moment à l'autre, des accidents rapidement mortels. »

Je ne connaissais Dauche que depuis peu de temps, mais je me sentis accablé. Il me vint aux lèvres quelques paroles insignifiantes. Je dis peut-être une chose comme: « C'est épouvantable! » Le médecin acheva sa pensée avec un sourire décoloré:

« Hélas! monsieur, vous ferez comme moi et comme bien d'autres: vous vous accoutumerez de vivre dans la compagnie de gens qui partagent encore notre univers, mais dont on sait indubitablement qu'ils sont déjà des morts. »

*

Je ne pus m'habituer à rien de tel. Cet entretien avait eu lieu à la fin d'une matinée. J'employai le reste du jour à fuir la vue de Dauche, lâcheté qui reconnaît sa cause dans mon inaptitude à dissimuler mes pensées.

La nuit me trouva privé de sommeil; mais elle fut doublement propice, car elle me laissa le temps de dominer certaines impressions et me donna une mine très propre à faire rejeter sur la maladie les altérations de mon caractère.

Comme je sortais du lit, Dauche me proposa d'aller ensemble à travers bois. Je fus sur le point de refuser. Son sourire était si cordial, si fraternel que je n'eus pas le courage d'alléguer* ma fatigue. Au surplus, le temps était radieux.

L'éclat d'un soleil encore robuste, le fin coloris d'un paysage tout chargé de vapeurs matinales, peut-être aussi quelque besoin personnel d'allégresse et d'oubli, tout cela fit brusquement refluer mes idées loin de l'espèce d'abîme où je les avais vues précipitées.

Dauche s'était mis à courir parmi de hautes herbes ambrées qui se fanaient sans hâte. Il avait des rires qu'on eût dit d'un adolescent. Il imitait, avec toutes sortes d'anecdotes et de mots, les jeux de ses propres enfants, et s'arrêtait soudain, plein d'une gravité tendre, pour parler de celui qu'il ne connaissait pas encore et de l'épouse qui l'attendait dans l'exil.

Rien de la nature ne lui semblait méprisable ou indigne d'intérêt: il respirait toutes les fleurs, avait un regard pour chaque objet, froissait entre ses doigts les herbes aromatiques, goûtait aux baies des ronciers et aux noisettes du taillis. Il me faisait remarquer mille choses auxquelles je rougissais de n'avoir jusque-là pris garde. A sa suite, il m'entraînait dans une interminable aventure contemplative où je ne savais le suivre qu'avec une maladresse grondeuse, comme un vieillard emporté dans une ronde.

Nous revenions vers le château, très fiers de notre appétit et de la brièveté des heures, quand, au tournant d'un sentier, les paroles et les recommandations du médecin rejaillirent brusquement des profondeurs de mon esprit. Ce fut semblable à un petit coup sec et impérieux frappé du doigt contre une porte. Je m'aperçus alors que je n'avais pas cessé d'y songer sourdement. Mais, regardant encore une fois Dauche qui ressemblait à un épi blond et dru dans la beauté de midi, je secouai la tête et décidai:

« Cet honorable médecin se trompe. »

Et, toute cette journée-là, je fus encore heureux.

Le lendemain, comme je tardais à me lever et rêvassais en comptant les fleurs dansantes de la tenture, je surpris, non loin de moi, la respiration mesurée de Dauche qui dormait encore. Tout aussitôt, une voix me dit à l'oreille: « Cet homme qui est là va mourir. »

Je me retournai sur l'autre côté, et la voix reprit: « Cet homme qui est là est un homme mort. »

Alors une envie me saisit de m'en aller, de m'éloigner de Dauche et de ce château, de m'enfoncer dans le bruit et l'agitation qui règnent à l'intérieur du pays.

J'étais complètement dégagé du sommeil et m'appliquais à raisonner avec une lucide froideur: « Somme toute, je ne connaissais que depuis peu ce charmant homme et ne pouvais rien en sa faveur. Il était entre les mains de praticiens habiles qui épuiseraient pour lui toutes les ressources de leur art. J'oublierais d'autant plus légitimement son malheureux destin qu'il était d'ailleurs, à cette heure, partagé par un grand nombre d'êtres jeunes et dignes d'intérêt. Ma présence ne lui pouvait être d'aucun secours et sa fréquentation devait au contraire contribuer à déprimer une puissance morale dont j'avais encore fort besoin. »

Toutes ces représentations aboutirent à ce que, me trouvant seul avec notre médecin, cette même matinée, je le priai, sous un prétexte quelconque, de hâter mon évacuation vers un autre hôpital.

« Je ne vois à cela, me dit-il, aucune objection en rapport avec l'état de votre plaie. Il en sera comme vous le désirez. »

Cet assentiment immédiat me causa du soulagement et un peu de surprise. Mais, mon regard ayant rencontré celui du médecin, je le trouvai chargé d'une expression triste et trouble qui me donna de la honte.

Je fus, en fait, si mécontent de ma faiblesse qu'au bout d'un quart d'heure j'allai trouver le médecin et lui demandai s'il m'était possible de revenir sur mes intentions et d'achever ma guérison au château de S***.

Il sourit avec un curieux air de satisfaction et m'assura que je pouvais demeurer aussi longtemps qu'il me conviendrait.

Survenue après tant d'atermoiements, ma résolution me procura du calme. Je passai la plus grande partie de la journée à la chambre et obtins quelque distraction de la lecture. Vers le soir, un camarade qui avait perdu un bras devant Berry-au-Bac vint nous chercher en grand secret et nous conduisit à l'orangerie où deux musiciens d'un régiment voisin donnaient concert.

Je prisais fort la musique, sans toutefois lui reconnaître aucune signification intellectuelle précise. Sans doute, n'avais-je pas, jusque-là, été à même de constater avec quelle autorité une suite de sons et d'accords peut s'approprier à l'état de notre âme et en précipiter les mouvements.

Un violon, soutenu d'un piano, jouait une sonate de Bach.* Ils attaquèrent soudain l'adagio, plein d'une majesté poignante. A plusieurs reprises, j'eus l'impression qu'une personne invisible et inconnue me posait une main sur le bras et murmurait: « Comment, comment pouvez-vous oublier qu'il va mourir? »

Je me levai dès la fin du concert et m'en fus, en proie à un réel tourment.

« Qu'avez-vous donc? demanda Dauche sorti sur mes pas.

Vous semblez malade ou malheureux.

– L'un et l'autre, répondis-je d'une voix dont je n'étais plus le maître. N'avez-vous pas entendu ce que jouait ce violon?

– Si fait, dit-il rêveusement. Il n'y a rien de plus purement joyeux. »

Je le regardai à la dérobée et n'en retirai rien. Seulement, le soir, seul dans les ténèbres avec mes pensées, je compris que le hasard m'avait réservé une part singulière dans le destin de mon ami: Dauche était condamné; il devait mourir; il allait mourir; mais un autre que lui était, en quelque sorte, chargé de son agonie.

*

Je me défends d'être fait autrement que le commun des hommes. La guerre m'a rudement éprouvé sans troubler mon imagination et ma blessure n'était pas de celles qui altèrent le mécanisme normal d'un esprit ordinaire et sain.

Je demeure donc bien persuadé que la crise que je subis, à compter de ce jour, eût pareillement bouleversé tout homme surpris par les mêmes traverses.*

Malgré la sinistre expérience du champ de bataille, je dus faire, de la mort, une expérience nouvelle et terrible par sa longueur même. Il n'est guère possible de vivre sans envisager, à chaque minute, ce que sera la minute suivante, et c'est chose tragique que de porter en soi une certitude qui glace, dès le germe, tout projet, toute intention. La maladie crée, dans la vie de chaque jour, des circonstances semblables; mais leur tristesse est tempérée par l'espérance, ou même par ce qu'il y a de progressif dans l'abandon qu'on en fait. Je dus à la guerre de connaître une angoisse nouvelle et de vivre à côté d'une créature dont je savais qu'en dépit de sa force et de sa beauté elle demeurait sous le coup d'une déchéance terrible et n'avait d'avenir que ce qui en tient dans l'espoir et l'ignorance.

Cette ignorance de nous-mêmes est une chose bien

précieuse et qui fait envier celle, souveraine, des bêtes et des plantes. Elle valut à Dauche de vivre allégrement au bord de l'abîme. J'étais là pour assumer tout le dramatique de cette situation, comme s'il eût été contraire à l'ordre humain qu'une si grande part de souffrance demeurât sans maître.

Les premiers jours de novembre étaient venus. L'automne déclinait avec magnificence. Nous n'avions pas renoncé à nos promenades. Je m'y trouvais même poussé malgré moi, comme si le spectacle de la nature défaillante eût été particulièrement propre à exprimer jusqu'à l'ivresse l'amertume de notre amitié.

Souvent nous montions sur la colline qui domine la plaine de Reims. L'agitation militaire semblait, comme les sèves végétales, se refroidir peu à peu et rentrer sous terre. Les armées se préparaient à s'endormir dans l'hiver. Le canon grondait avec paresse et lassitude; les bois défeuillés laissaient voir les travaux guerriers qu'ils avaient, pendant tout l'été, dissimulés sous leurs frondaisons.

L'automne me rendait plus sensible le destin de Dauche qui, lui-même, me faisait plus cruellement connaître le destin de tous. L'idée que cet homme allait mourir déteignait sur mes pensées jusqu'à leur retirer toute stabilité, tout courage, toute efficacité. Et c'est bien, en effet, l'inefficacité de l'homme qui m'apparaissait comme la seule évidence, alors que je contemplais les rideaux de peupliers illuminés d'une gloire fugitive.

Et puis une sorte d'impossibilité me vint de considérer les choses sans aussitôt penser, pour chacune: « Il ne la reverra plus. »

Il y a, dans Saint-Simon,* une page affreuse sur la mort du roi Louis XIV. L'historien ne peut relater aucune des actions du monarque agonisant sans répéter avec une obstination où perce de la haine: « Et ce fut pour la dernière fois. »

Pareillement, et vingt fois par jour, je songeais en voyant mon ami jouir des beautés de la saison: « C'est donc pour la dernière fois. » Mais il n'y avait dans mes pensées qu'une douloureuse pitié.

Après de longues stations sur notre belvédère, nous nous décidions au retour, alors que, du côté du champ de bataille, la lueur des premières fusées parait le crépuscule de constellations livides.

Dauche se montrait paisible, léger, presque heureux, comme un être que l'espérance visite à toute minute.

Il faisait des projets; la chose m'était insupportable, et j'en ressentais presque de l'irritation jusqu'à dire, une fois:

« Vous êtes bien heureux d'oser faire des projets en une pareille époque. »

La phrase était générale, vague; elle me parut aussitôt barbare et malfaisante. Je cherchais comment la ressaisir quand Dauche me répondit:

« N'est-ce pas déjà faire un projet que de laisser battre son cœur? Et puis, il faut défier l'avenir si l'on ne veut pas être réduit à le redouter. »

Ces paroles pleines de sagesse me troublèrent sans me consoler. Je fus assailli d'une nouvelle anxiété: Dauche ne devinait-il rien de son état?

J'étais si vivement meurtri par le fardeau de mon secret que, pendant plusieurs jours, cette question me tourmenta.

Aujourd'hui, quand j'interroge mes souvenirs avec ce mélange d'ampleur et de minutie qu'autorise la perspective du temps, il m'est possible d'affirmer que Dauche ignorait la gravité du coup dont il était menacé. A la vérité, jamais je n'ai surpris franchement quoi que ce fût qui me permît de supposer qu'il ressentait la moindre inquiétude personnelle. Je ne peux me rappeler de lui nul propos, nulle allusion, nulle défaillance qui, s'il avait su, n'eût manqué de lui échapper et m'eût ouvert les profondeurs de sa conscience.

Une fois, cependant, je fus repris du doute. Un camarade de mon régiment, blessé mortellement au cours d'une de ces nombreuses petites affaires qui ont fait de la cote 108 la plaie toujours saignante de ce secteur, vint expirer à l'ambulance. Nous l'allâmes voir sur son lit d'agonie et, tout de suite, je m'empressai d'éloigner Dauche de cette chambre où il s'attardait.

« Celui-ci est peut-être plus heureux, fis-je pour rompre un silence tendu.

- Croyez-vous, croyez-vous? » me répondit le jeune homme.

Une force obscure, qui n'était pas le hasard plongea nos regards l'un dans l'autre, et, dans celui, si limpide, de mon ami, je perçus une palpitation, quelque chose de furtif, d'affolé, comme le naufrage en pleine solitude marine d'une barque perdue.

Je fis effort pour changer la conversation et j'y réussis. Dauche se retourna vers la vie avec des respirations profondes et, bientôt, des rires où je ne démêlai rien de faux.

Malgré cette alerte, il me fallut reconnaître que Dauche ne soupçonnait rien. Ce que j'ai vu dans ses yeux, ce jour-là, je l'eusse sans doute surpris dans tout regard humain. En outre, la chair sait des choses que l'âme ignore, et cette brève angoisse, au fond de son regard, demeura peut-être comme un de ces cris muets de la bête que la conscience laisse passer sans les inspirer ni les reconnaître.

*

La blessure de Dauche achevait de se cicatriser. La mienne ne réclamait plus que fort peu de soins. Mais, de tout cela, il n'était pas question pour moi. J'attendais.

Je le compris parfaitement lorsqu'un jour Dauche me demanda pourquoi je demeurais si longuement dans la zone des armées. J'improvisai une réponse où j'invoquais notre réelle amitié et la pauvreté de mes attaches à l'intérieur. M'interrogeant moi-même, je perçus bien le mobile essentiel de mon long séjour à S***. J'attendais quelque chose.

A travers ces péripéties morales, l'affection que je ressentais pour Dauche n'avait cessé de croître. Ma compassion l'avait encore amplifiée, et la certitude que la mort lui réservait un terme prochain ne contribuait pas peu à l'exalter. Naturellement tourné vers les choses du sentiment, je cédais sans réserve à une passion de dévouement. Je me mis à éprouver toutes les transes des femmes qui soignent un enfant malade et interprètent avec désespoir les moindres signes, les incidents les plus bénins.

Il y avait, dans le parc, un terrain de tennis sur lequel gisait un jeu de quilles vermoulues. Dauche les bombardait souvent avec de vieilles boules usées que l'humidité réduisait en pourriture. Un matin, comme il lançait une de ces boules, elle s'effrita entre ses doigts, déviant son effort et le faisant trébucher. Il porta tout aussitôt la main à son front et j'eus l'impression qu'il chancelait. Déjà, j'étais sur lui et le prenais dans mes bras.

« Qu'avez-vous donc? fit-il en me voyant les traits décomposés.

– J'ai cru que votre tête vous faisait souffrir.

– Non pas, me répondit-il en souriant; je rajustais les bandes de mon pansement. »

Une autre fois, comme j'avais laissé choir un livre que je parcourais fort distraitement, il se baissa, pour le ramasser, avec sa promptitude coutumière. J'eus l'impression qu'il tardait à se redresser, comme s'il eût lutté contre une sorte de vertige. Je me penchai tout aussitôt et lui pris le livre des mains. Ses yeux étaient voilés d'une petite buée rousse. Peut-être fut-ce là un effet de mon imagination, car ce ne dura guère.

« Je vous défends, dis-je en affectant péniblement de plaisanter, je vous défends de sortir de votre rôle de convalescent. »

Il me regarda d'un air étonné et répliqua:

« Voudriez-vous donc me faire croire que je suis malade? »

Cette réponse me fit sentir ma maladresse et je vis bien qu'il fallait m'étudier à dissimuler les inquiétudes que je ne pourrais m'empêcher de concevoir.

Dès lors, elles ne cessèrent plus d'assiéger mon esprit. J'observais tout ce que mon ami mangeait et buvait, n'osant lui donner des conseils et brûlant parfois de m'y laisser aller.

Je dénichai et lus en cachette des articles de médecine beaucoup plus propres à m'égarer qu'à m'instruire. Je pris et rejetai mille déterminations, fis et défis mille plans qui eussent été ridicules ou même comiques si le parfum de la mort ne les eût imprégnés, sanctifiés.

La nuit, j'avais de brusques réveils et j'épiais la respiration de mon compagnon, persuadé, au moindre arrêt, au moindre changement de rythme, qu'il allait mourir, qu'il était mort.

Nous n'avions pas cessé nos promenades, mais je les bornais brusquement, sans raison avouée. J'inventais mille détours pour éviter un chemin rocailleux ou glissant; j'écartais les branches des sentiers avec une sollicitude qui ne parvenait pas à rester naturelle. Parfois, au cours d'une sortie, j'éprouvais soudain, à nous sentir loin du village, une frayeur impérieuse qui me rendait silencieux et sot.

J'avais renoncé au jeu d'échecs en prétextant une fatigue personnelle qui, bientôt, ne fut pas feinte. Un moment vint où toutes ces émotions eurent, sur ma santé, un fâcheux retentissement. Je gardai le lit quelques jours sans y goûter le moindre repos. J'eusse préféré l'absolue solitude; mais l'idée que Dauche pouvait s'éloigner seul et faire quelque imprudence m'était intolérable. Je n'imaginais pas qu'un événement fatal pût se passer hors de ma présence, puisque j'attendais.

Il demeurait donc à mes côtés et faisait, pour me distraire, des lectures à haute voix. Sans cesse, je voulais l'arrêter, et ne pouvant faire état de mes inquiétudes à son endroit, je me plaignais de ma propre tête. Chose invraisemblable, j'avais l'air d'être l'homme frappé et il semblait, lui, l'homme dans la pleine possession de ses forces. Je l'ai bien dit: je vivais pour lui les affres de la mort.

Une nuit, pendant son premier sommeil, il poussa une sorte de gémissement animal si étrange que je fus tout à coup sur pied et l'allai contempler longuement à la lueur de la veilleuse.

A l'émotion que je ressentis ce soir-là se trouvait mêlé quelque chose qui était comme un intense désir de délivrance. Et je devinai avec horreur que mon âme malade n'attendait pas seulement la chose inévitable, mais qu'elle la souhaitait.

*

Je me relevai au début de décembre et notre première sortie fut pour le bois de pins qui couvre les mamelons* sablonneux, au sud de la grand-route de Reims à Soissons.

C'était vers la fin de l'après-midi. Un farouche vent d'ouest parcourait, en hennissant, la vieille vallée guerrière que, depuis l'antiquité, le flux et le reflux des invasions n'ont cessé de ravager.

Nous marchions, un peu frileusement, l'un près de l'autre, silencieux, livrés sans doute à ces pensées informes pour lesquelles la parole ne peut rien et qui sont le tissu même et la couleur de l'âme.

Un bout de côte nous réchauffa, et je proposai, lorsque nous fûmes au sommet, de nous reposer sur un luisant tronc de hêtre dont la tranche sécrétait un sang d'ocre et de pourpre.

J'étais fatigué, à bout de désirs et de courage, indifférent à mes actions, à mes pas, tout à fait dans l'état d'un homme qui cesse de lutter et qui abandonne une partie angoissante.

Se peut-il qu'il y ait, entre deux êtres, des correspondances aussi profondes? Est-il vrai que, ce jour-là, ce fut moi qui abandonnai la partie?

Accablé de tristesse, je m'étais levé machinalement, et je contemplais, sans les voir, les bonds et la fuite vers l'horizon des collines hérissées d'arbres.

Est-ce réellement un bruit anormal qui me fit retourner? N'est-ce pas plutôt un choc et comme un déchirement intérieur? Le fait est que, soudain, je sus qu'il se passait quelque chose derrière moi. Et alors mon cœur se mit à battre avec véhémence, car ce ne pouvait être que la chose, la chose effrayante que j'attendais.

C'était elle.

Dauche avait glissé du tronc d'arbre. J'hésitai à le reconnaître: tout son corps était agité d'un tremblement hideux, inhumain, comme on en voit aux animaux de boucherie qui ont reçu le coup de maillet. Ses pieds et ses mains étaient tordus ainsi que pour une lutte convulsive. Son visage violacé était détourné vers l'épaule droite. Il bavait et montrait un regard blanc, sans prunelles.

J'éprouve, à évoquer ce spectacle, une sorte de honte. J'avais souvent rencontré la mort et la guerre m'avait fait vivre avec elle dans une horrible intimité; pourtant je n'avais jamais rien vu de si laid et de si bestial. Je me mis à trembler à mon tour, comme si le frisson du malade eût été contagieux, et mon impression de désespoir et de dégoût en fut accrue.

Cela dura d'interminables minutes pendant lesquelles je ne fis pas un geste. Je laissais travailler la mort et j'attendais qu'elle eût achevé son œuvre. Peu à peu, j'eus pourtant l'impression qu'elle reprenait haleine et désenlaçait sa victime.

Le corps de Dauche restait roide, mais inerte. Un faible gémissement sortit de ses lèvres.

Du même coup, j'échappai à l'étreinte, et, malgré le désarroi de ma volonté, je me mis en devoir d'emporter de cet endroit ce qui avait été mon ami.

Je fis, pour le soulever, un effort qui me coûta des peines infinies. Il était contracté et affreusement pesant. Je l'avais saisi à pleins bras, par le travers du tronc et le portais, poitrine contre poitrine, comme on porterait un enfant endormi. Peu à peu, il se déroidit et s'abandonna. Un filet de salive écumeuse coulait du coin de sa bouche, comme du museau des bœufs de labour. Sa tête commença de se balancer lourdement.

Le soir tombait. Je dus poser mon fardeau après quelques pas, puis le reprendre. Ce corps faisait entendre une lamentation inarticulée et pitoyable. Mon épaule blessée me causait des souffrances aiguës. Mais j'avais l'âme égarée et des gestes presque inconscients.

Je ne sais comment je parvins en vue du château. En arrivant au pied de la côte, je rencontrai soudain, au détour d'une allée, le médecin qui poursuivait une promenade solitaire. La nuit était presque complète; je ne vis pas l'expression de son visage et ne me rappelle même plus ce qu'il put me dire.

Je posai le corps à terre, m'agenouillai auprès, le visage ruisselant de sueur, et dis: « Le voilà! » Puis je me pris à pleurer.

Il y eut des cris, des appels, des lumières. On emporta le corps de Dauche et l'on m'emporta aussi.

*

Dauche ne mourut réellement que deux jours plus tard. Je ne voulus point le revoir. On m'avait logé dans une chambre éloignée, où je vécus dans un demi-délire, demandant d'heure en heure: « Est-ce fini? Est-ce bien fini? »

Je connus d'ailleurs cette fin avant même qu'on ne me l'eût dite et je me laissai tomber dans un noir sommeil sans rêve dont j'ai pourtant gardé le plus désespérant souvenir.

Il paraît que Dauche fut enterré dans le petit cimetière enclos de branches de bouleaux et de sapins morts que l'on aperçoit du village de C*** dans un aride champ de sable blanc. Je n'ai pu me résoudre à l'aller visiter là. J'emportais avec moi une tombe plus profonde et moins vaine.

Je quittai le château de S*** vers le milieu de décembre. J'étais affaibli et diminué, recru de lassitude à l'idée qu'il me fallait poursuivre ma vie à moi, me débattre encore pour ma vie et ma mort, à moi.

# LES PROJETS DE COUSIN

QUAND j'avais une minute de liberté, je venais m'asseoir au pied du lit de Cousin. Il me disait:

« Voyez! il y a la place pour vous, maintenant qu'on m'a coupé la jambe. On dirait que c'est fait exprès. »

Quelle jeune et délicate figure avait cet homme de quarante ans! Les « jours de coiffeur », quand le rasoir avait passé, il faisait bon regarder le sourire perpétuellement confiant de Cousin. C'était un sourire surnaturel, un peu fin, un peu ironique, un peu candide, un peu crispé; le sourire même de la race, fait avec des lèvres décolorées par les pertes de sang, avec des traits tirés par l'effort trop long, trop grand. Malgré tout, Cousin avait l'air confiant, confiant sans nul doute en le monde entier, et sûrement en lui-même, puisqu'il vivait, puisqu'il était Cousin.

Une jambe lui restait qui, à parler franc, ne valait rien du tout. La jointure du genou en avait été profondément gâtée par un éclat de torpille.* C'était une chose qui n'allait pas et dont on parlait avec des hochements de tête, à voix basse.

Mais, bah! Cousin ne plaçait pas sa confiance plus spécialement dans ses jambes. Déjà il en avait abandonné une; il ne semblait pas regarder à une jambe près. Cousin, je crois, ne plaçait sa confiance en aucun point précis de sa poitrine, ou de sa tête, ou de ses membres. Avec une jambe de plus ou de moins, il était lui-même et, de ses yeux vert clair, sortait une flamme généreuse qui n'était pas seulement du regard, mais surtout de l'âme pure.

Quand je m'asseyais au pied de son lit, Cousin me racontait ses petites affaires. Il reprenait toujours les événements au point où la guerre les avait interrompus, et il avait un penchant naturel à unir le beau passé de la paix à un avenir non moins délicieux. Par-dessus l'abîme trouble et sanglant, il aimait à prolonger la vie d'autrefois jusque dans la vie future. Jamais de verbes à l'imparfait, mais un éternel et miraculeux présent.

« Je suis courtier* en objets d'art, me disait-il. C'est un métier avantageux quand on le connaît bien. Je m'occupe surtout du candélabre et de la suspension.* Je travaille avec Cohen et Cie, avec Marguillé, avec Smithson, avec toutes les grandes baraques.* Maintenant, j'ai une façon particulière de travailler: je garde mon client pour moi et je me charge de lui faire comprendre ce qu'il veut et de le lui dégoter.* Une supposition que j'aie là un Monsieur Barnabé qui vient me demander un lustre de salon. Je dis: « Bien, je vois ce qu'il vous faut », et je saute dans un taxi. J'arrive chez Cohen et Cie. « C'est 25 pour 100? Entendu? » Admettons que Cohen fasse des difficultés. Bien! je dégringole l'escalier, je ressaute dans le taxi et nous filons chez Smithson. Il faut dire qu'il y a des frais: à supposer que le Barnabé, il se rebute, eh bien, je reste planté avec mon taxi sur le dos.* Mais c'est intéressant! C'est un métier qui fait trotter, qui divertit, qui demande du goût. »

Je m'appliquais à sourire en considérant le visage animé de Cousin. Il avait aux joues deux marbrures « pas très franches »;* il avait aussi les yeux un peu gonflés d'un homme qui est resté trop longtemps au lit, avec de la fièvre, et chez qui « le dedans du corps n'est pas sain ». A quarante ans, on a beau se sentir le cœur jeune, la chair n'accueille plus aussi bien qu'à vingt ans les éclats de torpille. Je regardais donc le visage de Cousin avec étonnement, pendant que l'amputé m'expliquait comment, dans ce métier, on grimpe chez Cohen, comment on fait un saut chez Marguillé, comment on dégringole les escaliers de Smithson.

Un jour arriva où la jambe de Cousin se mit à saigner. Cela filtrait à travers le pansement, avec des gouttes qui grossissaient, comme une sueur écarlate, ou comme la rosée du matin sur les feuilles de chou. Pendant quatre ou cinq jours, Cousin saigna presque chaque jour. Chaque fois, il était emporté en hâte; on fourrait toutes sortes de choses dans ses plaies et le sang cessait de couler. Chaque fois, Cousin revenait dans son lit un peu plus blême, et il me disait au passage:

« Voyez-vous, on ne peut jamais avoir la paix avec ces histoires-là. »

Un matin je vins m'asseoir auprès de Cousin qui faisait sa toilette. Il était essoufflé. Malgré la bouffissure de son visage, on le sentait amaigri, fondu, dévoré par un mal intérieur. Vrai! il faisait songer à un fruit travaillé par la vermine.

« J'ai, me dit-il, de bonnes nouvelles de mes garçons. Douze et treize ans! Ça pousse! En voilà qui vont m'aider dans mes affaires! Je ne vous ai pas dit? Je songe à prendre aussi, en plus du candélabre, la pendule et le dessus de cheminée. Avec les relations que j'ai, je pense faire des choses épatantes. Faut toujours voir grand! Dame, ça me fera courir; mais je m'arrangerai, je m'arrangerai! Ce qu'il faut, c'est connaître les styles. »

J'essayais de sourire, sans parvenir à maîtriser un serrement de cœur. Cousin était comme soulevé par un enthousiasme lyrique. Il brandissait d'une main sa serviette et de l'autre son savon. Il me décrivait son bel avenir comme un homme qui le voit étalé, écrit en grosses lettres sur la blancheur des draps.

Sur le drap, que je regardais précisément, apparut soudain une tache, une tache rouge qui s'élargissait avec rapidité, une tache effrayante et splendide.

« Allons bon, murmura Cousin, voilà que ça saigne encore. On ne peut jamais être tranquille. »

J'avais appelé. On entourait d'un caoutchouc la cuisse de Cousin qui disait:

« Doucement, doucement, ne vous frappez pas! »

Il disait cela d'une voix sérieuse, mais faible, une voix faite avec les lèvres seules.

Le sang cessa de couler et l'on porta Cousin une fois de plus sur la table d'opérations.

Là, il eut un moment de calme. Les chirurgiens se lavaient les mains. Je les entendais deviser* à voix basse sur le cas de Cousin, et cela me faisait battre le cœur et me séchait la langue dans la bouche.

Cousin m'aperçut de loin et me fit un petit signe avec les paupières. Je vins auprès de lui. Il me dit:

« On n'est jamais tranquille! Ah! qu'est-ce que je vous disais donc? Oui, je vous parlais des styles. Ma force, voilà, c'est que je connais les styles: le Louis XV, l'Empire, le hollandais, le moderne, et puis tout. Seulement, c'est difficile, je vous expliquerai . . .

– Endormez Cousin », dit doucement le chirurgien. Cousin regarda le masque ainsi qu'une vieille connaissance, et il prit encore le temps de me dire:

« Je vous expliquerai ça quand ces messieurs auront fini avec moi, quand je serai réveillé. »

Puis, sagement, il se mit à respirer l'éther.

*

Il y a maintenant plus d'un an de cela. Je songe souvent, Cousin, à ces explications que tu ne m'as pas données, que tu ne me donneras jamais.

# LA DAME EN VERT

Je ne saurais dire pourquoi j'aimais Rabot.

Chaque matin, allant et venant dans la salle pour les besoins du service, j'apercevais Rabot ou plutôt la tête de Rabot, moins encore: l'œil de Rabot qui se dissimulait dans le pêle-mêle des draps. Il avait un peu l'air d'un cochon d'Inde qui se muche* sous la paille et vous guette avec anxiété.

Chaque fois, en passant, je faisais à Rabot un signe familier qui consistait à fermer énergiquement l'œil gauche en serrant les lèvres. Aussitôt l'œil de Rabot se fermait en creusant mille petits plis dans sa face flétrie de malade; et c'était tout: nous avions échangé nos saluts et nos confidences.

Rabot ne riait jamais. C'était un ancien enfant de l'Assistance publique* et l'on devinait qu'il n'avait pas dû téter à sa soif quand il était petit; ces repas ratés en nourrice, ça ne se rattrape point.

Rabot était rouquin, avec un teint blême éclaboussé de taches de son. Il avait si peu de cervelle qu'il ressemblait tout ensemble à un lapin et à un oiseau. Dès qu'une personne étrangère lui adressait la parole, sa lèvre du bas se mettait à trembler et son menton se fripait comme une noix. Il fallait d'abord lui expliquer qu'on n'allait pas le battre.

Pauvre Rabot! Je ne sais ce que j'aurais donné pour le voir

rire. Tout, au contraire, conspirait à le faire pleurer: il y avait les pansements, affreux, interminables, qui se renouvelaient chaque jour depuis des mois; il y avait l'immobilité forcée qui empêchait Rabot de jouer avec les camarades; il y avait surtout que Rabot ne savait jouer à rien et ne s'intéressait pas à grand-chose.

J'étais, je crois, le seul à pénétrer un peu dans son intimité; et, je l'ai dit, cela consistait principalement à fermer l'œil gauche lorsque je passais à portée de son lit.

Rabot ne fumait pas. Lorsqu'il y avait distribution de cigarettes, Rabot prenait sa part et jouait un petit moment avec, en remuant ses grands doigts maigres, déformés par le séjour au lit. Des doigts de laboureur malade, ce n'est pas beau; dès que ça perd sa corne et son aspect robuste, ça ne ressemble plus à rien du tout.

Je crois que Rabot aurait bien voulu offrir aux voisins ses bonnes cigarettes; mais c'est si difficile de parler, surtout pour donner quelque chose à quelqu'un. Les cigarettes se couvraient donc de poussière sur la planchette, et Rabot demeurait allongé sur le dos, tout mince et tout droit, comme un petit brin de paille emporté par le torrent de la guerre et qui ne comprend rien à ce qui se passe.

Un jour, un officier de l'Etat-Major entra dans la salle et vint vers Rabot.

« C'est celui-là? dit-il. Eh bien! je lui apporte la médaille militaire et la croix de guerre. »

Il fit signer un petit papier à Rabot et le laissa en tête-à-tête avec les joujoux. Rabot ne riait pas; il avait placé la boîte devant lui, sur le drap, et il la regarda depuis neuf heures du matin jusqu'à trois heures de l'après-midi.

A trois heures, l'officier revint et dit:

« Je me suis trompé, il y a erreur. Ce n'est pas pour Rabot, les décorations, c'est pour Raboux. »

Alors il reprit l'écrin, déchira le reçu et s'en alla.

Rabot pleura depuis trois heures de l'après-midi jusqu'à neuf heures du soir, heure à laquelle il s'endormit. Le lendemain, il se reprit à pleurer dès le matin. M. Gossin, qui est un bon chef, partit pour l'Etat-Major et revint avec une médaille et une croix qui ressemblaient tout à fait aux autres; il fit même signer un nouveau papier à Rabot.

Rabot cessa de pleurer. Une ombre demeura toutefois sur sa figure, une ombre qui manquait de confiance, comme s'il eût craint qu'un jour ou l'autre on vînt encore lui reprendre les bibelots.

Quelques semaines passèrent. Je regardais souvent le visage de Rabot et je cherchais à m'imaginer ce que le rire pourrait en faire. J'y songeais en vain: il était visible que Rabot ne savait pas rire et qu'il n'avait pas une tête fabriquée pour ça.

C'est alors que survint la dame en vert.

Elle entra, un beau matin, par une des portes, comme tout le monde. Cependant, elle ne ressemblait pas à tout le monde: elle avait l'air d'un ange, d'une reine, d'une poupée. Elle n'était pas habillée comme les infirmières qui travaillent dans les salles, ni comme les mères et les femmes qui viennent visiter leur enfant ou leur mari quand ils sont blessés. Elle ne ressemblait même pas aux dames que l'on rencontre dans la rue. Elle était beaucoup plus belle, beaucoup plus majestueuse. Elle faisait plutôt penser à ces fées, à ces images splendides que l'on voit sur les grands calendriers en couleur et au-dessous desquelles le peintre a écrit: « La Rêverie », ou « la Mélancolie », ou encore « la Poésie ».

Elle était entourée de beaux officiers bien vêtus qui se montraient fort attentifs à ses moindres paroles et lui prodiguaient les témoignages d'admiration les plus vifs.

« Entrez donc, madame, dit l'un d'eux, puisque vous désirez voir quelques blessés. »

Elle fit deux pas dans la salle, s'arrêta net et dit d'une voix profonde:

« Les pauvres gens! »

Toute la salle dressa l'oreille et ouvrit l'œil. Mery posa sa pipe; Tarrissant changea ses béquilles de bras, ce qui, chez lui, est signe d'émotion; Domenge et Burnier s'arrêtèrent de jouer aux cartes et se collèrent leur jeu contre l'estomac, pour ne pas le laisser voir par distraction. Poupot ne bougea pas, puisqu'il est paralysé, mais on vit bien qu'il écoutait de toutes ses forces.*

La dame en vert alla d'abord vers Sorri, le Nègre.

« Tu t'appelles Sorri? » dit-elle en consultant la fiche.

Le Noir remua la tête, la dame en vert poursuivit, avec des accents qui étaient doux et mélodieux comme ceux des dames qui jouent sur le théâtre:

« Tu es venu te battre en France, Sorri, et tu as quitté ton beau pays, l'oasis fraîche et parfumée dans l'océan de sable en feu. Ah! Sorri! qu'ils sont beaux les soirs d'Afrique, à l'heure où la jeune femme revient le long de l'allée des palmiers, en portant sur sa tête, telle une statue sombre, l'amphore aromatique pleine de miel et de lait de coco. »

Les officiers firent entendre un murmure charmé, et Sorri, qui comprend le français, articula en hochant la tête:

« Coco . . . coco . . . »

Déjà, la dame en vert glissait sur les dalles. Elle vint jusqu'à Rabot et se posa doucement au pied du lit, comme une hirondelle sur un fil télégraphique.

« Rabot, dit-elle, tu es un brave! »

Rabot ne répondit rien. A son ordinaire, il gara ses yeux,* comme un enfant qui craint de recevoir une claque.

« Ah! Rabot, dit la dame en vert, quelle reconnaissance ne vous devons-nous pas, à vous autres qui nous gardez intacte notre douce France? Mais, Rabot, tu connais déjà la plus grande récompense: la gloire! l'ardeur enthousiaste du combat! L'angoisse exquise de bondir en avant, baïonnette luisante au soleil; la volupté de plonger un fer vengeur dans le flanc sanglant de l'ennemi,* et puis la souffrance, divine d'être endurée pour tous; la blessure sainte qui, du héros, fait un dieu! Ah! les beaux souvenirs, Rabot! »

La dame en vert se tut et un silence religieux régna dans la salle.

C'est alors que se produisit un phénomène imprévu:

Rabot cessa de ressembler à lui-même. Tous ses traits se crispèrent, se bouleversèrent d'une façon presque tragique. Un bruit enroué sortit, par secousses, de sa poitrine squelettique et tout le monde dut reconnaître que Rabot riait.

Il rit pendant plus de trois quarts d'heure. La dame en vert était depuis longtemps partie que Rabot riait encore, par quintes, comme on tousse, comme on râle.

Par la suite, il y eut quelque chose de changé dans la vie de Rabot. Quand il était sur le point de pleurer et de souffrir, on pouvait encore le tirer d'affaire* et lui extorquer un petit rire en disant à temps:

« Rabot! on va faire venir la dame en vert. »

# DANS LA VIGNE

D'Epernay à Château-Thierry, la Marne coule avec délices entre des collines spirituelles, chargées de vignes et de vergers, couronnées de verdure comme des déesses rustiques, enrichies de tous les ornements végétaux qui donnent à la terre de France son prix, sa beauté, sa noblesse.

C'est la vallée du repos. Jaulgonne, Dormans, Châtillon, Œuilly, Port-à-Binson, vieux villages souriants, soyez bénis pour les heures d'oubli que vous avez prodiguées, comme une eau jaillissante, aux troupes épuisées qui, de Verdun, revenaient vers les secteurs naguère calmes de l'Aisne.

Pendant l'été de 1916, le ...^e corps d'armée se concentrait une fois de plus sur la Marne pour aller prendre sa part sanglante au grand sacrifice de la Somme. Notre bataillon attendait sans impatience l'ordre d'embarquer, en comptant, du haut des collines, les convois qui haletaient au fond de la vallée et en se livrant, selon l'usage, à toutes sortes de suppositions.

Avec quelques camarades, nous passions le meilleur de nos journées à travers champs, sans trop réfléchir, tout à la jouissance d'un repos animal, loin des fracas meurtriers de la ligne.

Il y avait eu quelques jours d'étincelante chaleur, puis l'orage était venu, avec un ciel grondant, une bousculade de nuages furieux, un large vent tour à tour chargé de poussière ou de brume.

Au déclin d'une après-midi, nous nous trouvâmes sur la route qui, de Chavenay, s'élève avec douceur vers les bocages du sud.

Nous étions trois. La conversation languissait. Insensiblement nous retournions à nos pensées secrètes, que nous trouvions pénétrées d'angoisse et que le chemin montant semblait nous rendre, de pas en pas, plus lourdes.

« Asseyons-nous sur ce talus », dit une voix molle.

Sans avoir pris peine de répondre, nous nous trouvâmes soudain couchés dans les touffes d'argentine;* nous les arrachions d'une main distraite, comme des gens qui occupent leurs muscles afin de songer d'une âme plus libre.

Une petite vigne commençait à nos pieds et gagnait, en deux bonds gracieux, un pli de terrain rayonnant de fraîcheur et d'herbes humides. C'était une belle petite vigne champenoise, nette, gonflée de suc, soignée comme une chose sainte, divine. Pas d'herbes folles: rien que des ceps trapus et la terre, cette terre opulente que les pluies emportent et que, chaque saison, les paysans remontent, par pleines hottes, sur leur dos, jusqu'au sommet des côtes.

D'entre ses verdures harmonieuses, vous vîmes tout à coup surgir une vieille femme maigre, au teint corrodé, à la chevelure blanche en désordre. D'une main, elle tenait un seau plein de cendre et jetait, de l'autre, cette poussière, à poignées, sur les pieds de vigne.

A notre vue, elle suspendit sa besogne, ramena d'un doigt poudreux une mèche de cheveux que tiraillait le vent et nous regarda fixement. Puis elle parla.

« De quel régiment que vous êtes,* vous autres?

- Du 110$^{e}$ de ligne, madame.

- Mes miens,* ils n'étaient pas de ce régiment-là.

- Vous avez des fils aux armées?

- Eh! j'en avais . . . »

Il se fit un silence, rempli par le cri des bêtes, les bonds de la bourrasque et le sifflement des frondaisons agitées. La vieille jeta quelques poignées de cendre, s'approcha de nous et reprit, d'une voix trébuchante qui partait à la dérive dans les coups de vent:

« J'en avais, à l'armée, des fils. Maintenant j'en ai plus. Les deux jeunes sont morts, voilà. J'ai encore mon malheureux, mais il est quasiment plus soldat, à c't'heure.*

– Il est blessé, peut-être?

– Oui, il est blessé. Il a plus de bras. »*

La vieille femme posa par terre son seau plein de cendre, tira de sa ceinture un brin de paille, assujettit à l'échalas un rameau qui fuyait l'alignement, et, se redressant soudain, se mit à crier:

« Il a été blessé comme il y en a pas beaucoup qui sont blessés. Il a perdu les deux bras et il a dans la cuisse un trou qu'il y rentrerait un bol qui tient deux sous de lait. Et il a été pendant dix jours comme un homme qui va mourir. Et je suis été* le voir, et je lui disais bien: « Clovis, tu veux pourtant pas me laisser seule? » car faut* vous dire qu'il y a longtemps qu'ils avaient plus de père. Et il me répondait toujours: « Ça ira mieux demain »; car faut vous dire qu'il y a pas plus doux que ce garçon-là. »

Nous demeurions silencieux. L'un de nous murmura pourtant:

« Votre garçon est courageux, madame! »

La vieille, qui regardait sa vigne, ramena sur nous ses yeux décolorés et dit brusquement:

« Courageux! Manquerait plus que ça* qu'un de mes garçons ne soit pas courageux! »

Elle eut comme un rire d'orgueil, un rire étranglé, tout de suite emporté par le vent. Puis elle parut rêver:

« Mon malheureux, il trouvera bien quand même à se marier, parce que, je vous le dis, il y a pas plus doux que ce garçon-là. Mais les deux jeunes, les deux petits, c'est trop d'un coup. Non, c'est trop. »

Nous ne trouvâmes rien à dire. Il n'y avait rien à dire. Cheveux au vent, la vieille se reprenait à jeter de la cendre, comme une semeuse funèbre. Elle avait les lèvres serrées, et toute sa figure exprimait un mélange de désespoir, d'égarement, d'obstination.

« Que faites-vous donc là, madame? demandai-je, un peu au hasard.

– Je mets la cendre, vous voyez: c'est les temps,* avec le sulfate. C'est les temps! Jamais je n'arriverai; c'est trop de choses à faire, trop de choses . . . »

Nous nous étions levés, comme honteux de distraire de sa tâche cette travailleuse. D'un même élan nous nous découvrîmes pour la saluer.

« Bonsoir, dit-elle, et bonne chance aussi, vous autres! »

Nous montâmes jusqu'à l'orée des bois sans prononcer une parole. Là, nous nous retournâmes pour contempler la vallée. On apercevait, à flanc de coteau, dans la mosaïque des cultures, la vigne, avec la vieille, minuscule, qui continuait de semer la cendre dans le vent ivre de nuées. Le doux pays gardait, sous le ciel d'orage, une figure de pureté et de résignation. De place en place, d'humbles villages radieux étaient enchâssés dans les terres comme des pierreries bariolées. Et, à même les champs parés pour les travaux de l'Août,* on apercevait de petits points lentement mobiles: un peuple de vieillards était aux prises avec la terre.

# AMOURS DE PONCEAU

Il y avait peut-être deux ou trois jours que j'étais à l'hôpital de Saint-Mandé quand Ponceau y fut apporté.

Je n'ai que des souvenirs assez confus sur cette époque de ma vie. J'avais passé pas mal de temps couché dans un champ d'avoine, près de Charny, puis j'étais entré dans une sorte de rêve, où je voyais mon bras cassé verdir, noircir, devenir si lourd et si gros qu'il remplissait tout le monde et que je me sentais attaché à lui comme un pygmée à une montagne.

Tout cela se termina dans un lit convenable, au milieu d'une grande salle nue, peinte en vert d'eau.*

J'avais été endormi au chloroforme et l'on avait fait à mon bras d'immenses ouvertures par où sortaient, chaque jour, des fragments d'os, du sang, du pus, quantité de choses répugnantes qui sentaient mauvais.

Bref, quand je commençai à comprendre ce qu'il y avait devant mes yeux, la première chose, si je puis dire, qui me frappa, ce fut Ponceau.

Tel qu'il m'apparut ce jour-là, Ponceau était un gros garçon blondasse,* un peu soufflé,* avec une barbiche décolorée et des yeux très gros, très gros que je voyais remuer continuellement. J'étais couché sur le dos, mais je n'avais qu'à tourner un peu la tête pour voir mon voisin de salle, couché sur le dos aussi, et complètement immobile, à part ces deux gros yeux qui bougeaient tout le temps.

Je ne pus m'empêcher de lui dire tout à coup:

« Qu'est-ce que tu regardes donc, là-haut? »

Il fit: « Hein? », puis répondit d'un air absorbé:

« Le soleil. »

En effet, je vis au plafond un reflet de soleil qui se promenait de droite à gauche; comme j'étais très fatigué, je me mis involontairement à le contempler et à le suivre du regard. Au bout d'un instant, je demandai:

« Tu ne peux pas tourner la tête?

- Non, je ne peux pas, me dit-il, ça me ferait mal à la jambe.

- Comment t'appelles-tu?

- Moi? Ponceau Emile. »*

Il n'en dit pas davantage; un major* venait d'entrer et criait: « Brancardiers! Brancardiers! Amenez l'entrant. »

L'entrant, c'était Ponceau. Il fut saisi par quatre hommes et placé sur une espèce de lit roulant que nous avions tous en horreur, pour des raisons que vous devinez, et que nous appelions l' « omnibus ».

J'entendais Ponceau crier, d'une voix légèrement bafouilleuse qui semblait lui sortir des joues:

« Ah! non! Doucement, quoi! Doucement, les potes. »*

Et puis je n'entendis plus rien et je m'absorbai de nouveau dans la contemplation des taches de soleil.

Je ne me rappelle plus combien de temps s'était passé quand on ramena l' « omnibus » avec, dessus, Ponceau, ou plutôt une façon de Ponceau, un bonhomme à la figure violette, soufflant, bavant, ronflant à poings fermés et exhalant l'odeur du chloroforme, une sale odeur que j'ai prise en grippe.

Toute sa jambe gauche était empaquetée dans un grand appareil de zinc. On le déposa sur son lit; il était mou comme une loque et je songeais que j'avais dû, deux jours auparavant, avoir cette figure-là. L'idée que ça pourrait recommencer me refroidissait la peau des joues et me renversait les doigts de pieds.

Ponceau finit par se réveiller. Il balbutiait, en envoyant des postillons* partout:

« Ah! mon pauv'vieux! mon pauv'vieux! »

Le soir, il put parler, et j'eus des détails. Il avait été blessé à Château-Thierry. Un éclat d'obus lui avait cassé la cuisse. Il souffrait beaucoup et avait l'impression que cette cuisse « n'allait qu'à moitié ».

L'impression de Ponceau me parut, malheureusement, assez justifiée. Une triste période commença pour nous deux, faite d'une souffrance continuelle, monotone, réglée comme la vie militaire.

J'étais trop malade pour m'intéresser à beaucoup de choses: le rouquin d'en face criait toute la nuit, l'Algérien Touïtou nous apportait des bonbons en disant: « Dis! ça va? Dis! » Voilà le plus clair de mes souvenirs. Mais je connaissais bien Ponceau, parce que, quand mon bras était convenablement placé sur le bord du lit, je n'avais qu'à regarder pour voir Ponceau, qui était mon horizon naturel.

Ponceau souffrait aussi, mais pas comme moi. J'étais un peu semblable à une femme qui accouche: à chacune de mes douleurs, je me sentais faire un pas vers la guérison. Quant à Ponceau, on aurait dit, au contraire, que toute nouvelle douleur l'enfonçait de plus en plus dans le marasme. Chaque matin, les brancardiers venaient nous chercher. On m'emportait le plus souvent sur un brancard; Ponceau partait sur l' « omnibus ». Nous nous retrouvions à la salle de pansements. Assurément, mon bras n'était pas beau, mais il paraissait une chose charmante à côté de la cuisse de Ponceau. Elle portait une plaie ignoble, où vous auriez pu enfouir un képi, une grande plaie verdâtre, avec l'os cassé au fond.

Inutile de vous dire ce qui se passait dans cette fameuse salle; j'y ai, pour mon compte, poussé quelques bons cris, et, ma foi, je n'en rougis pas, car j'en ai entendu crier bien d'autres, et des plus braves, à commencer par mon Ponceau.

Après le pansement, nous avions un bout de temps qui était le meilleur de la journée. Mme Briant venait nous faire manger; oh! pas grand-chose: un œuf, un peu de soupe, un grain de raisin. Mme Briant, c'est un de mes bons souvenirs de la guerre. Fluette comme une jeune fille, avec un grand regard timide. En voilà une qui ne posait pas à la femme forte.* Dès qu'on se mettait à crier, ses yeux rougissaient et se remplissaient de larmes, si bien qu'on finissait par se retenir, pour ne pas lui faire de peine.

Vers le milieu de l'après-midi, la fièvre arrivait. Nous cessions de causer et nous restions à regarder le plafond. J'avais comme un hideux mal de tête, logé derrière les yeux; la lumière m'était insupportable. Je me sentais rempli, gonflé par quelque chose de plus fort que moi, comme la colère ou la peur; cela m'abandonnait vers onze heures ou minuit et me laissait tout tremblant.

Or, Ponceau maigrissait avec une extraordinaire rapidité. Sa grosse figure s'était vidée et il y apparaissait une foule de rides. Ses yeux restaient énormes, et cela jurait avec le reste du visage.

C'est alors qu'il eut ses crampes. Elles le prenaient presque toutes les minutes et torturaient sa cuisse cassée. Tant que durait la crise, il serrait fortement ses lèvres crevassées par la fièvre. Quand c'était fini, il disait, comme à l'ordinaire:

« Ah! mon pauv'vieux! mon pauv'vieux! »

Vous avez remarqué que, lorsqu'on est très malheureux, on parle aux autres hommes en leur disant « mon pauvre ami », ou « mon pauvre monsieur », comme s'ils étaient eux-mêmes à plaindre.

Ponceau fut piqué à la morphine, d'abord une fois, puis deux fois par jour et même trois fois. Ses yeux devenaient tout drôles; ils paraissaient toujours voir autre chose que ce qu'ils regardaient. Il rêvassait à voix haute et murmurait:

« Si seulement elle était ici . . . Si seulement elle pouvait venir me voir . . . »

Ponceau n'était pas en état de faire des confidences et je ne m'avisai pas de lui en demander.

Un matin, le major à cinq galons, le bon père Coupé, regarda la jambe de Ponceau et dit:

« Endormez-le! »

Une fois de plus, Ponceau revint de la salle d'opérations avec la bouche baveuse et la figure décomposée. On lui avait encore enlevé un grand bout d'os. Les crampes disparurent, mais Ponceau ne sembla pas décidé à mieux aller.

L'après-midi, il demandait Mme Briant, et, rassemblant ses esprits, dictait de petites lettres touchantes, adressées toujours à la même personne. J'appris ainsi que Ponceau était parti pour la guerre, laissant sa jeune femme à la Ferté-Milon, dans l'Aisne, et que, n'en ayant plus aucune nouvelle, il lui écrivait, au hasard, partout où il pensait qu'elle pouvait, s'être réfugiée.

Je compris l'espèce d'angoisse avec laquelle il répétait:

« Si seulement elle était auprès de moi . . . Si seulement je savais où elle est . . . »

Or les jours passèrent, et je pensai avec chagrin que Ponceau allait mourir. Il ne me reconnaissait plus toujours et s'enfonçait dans une sorte d'agonie désespérée, parlant comme un enfant, disant « dodo », « bobo », refusant toute nourriture et s'abandonnant au destin comme un homme qui n'a plus confiance.

*

C'est alors qu'il arriva un miracle. Un certain jeudi, je m'étais tout doucement assoupi en digérant mon premier déjeuner digne de ce nom, quand je fus réveillé par un petit bruit de conversation, à côté de moi. On parlait à voix basse, et c'était précisément cela qui m'avait réveillé. Je songeai tout à coup: « Ponceau est mort! » et j'ouvris les yeux.

Ponceau n'était pas mort. Entre son lit et le mien était assise une femme, une petite femme bien mignonne avec des cheveux châtains et un visage tout blanc. Elle tenait dans sa main une des mains de Ponceau; elle avait posé sur son genou son autre main que je voyais trembler continuellement, d'une façon imperceptible.

Ce qui m'étonna, ce fut la figure du camarade. Dire qu'il avait engraissé brusquement, cela paraîtrait exagéré, et ce fut pourtant l'impression qu'il me fit. Quant à être rose, il l'était, et pas de la couleur de la fièvre, mais d'une bonne couleur que je ne lui avais jamais vue. Et pour les rides, je pense qu'il en avait moitié moins.

Il remarqua que j'étais éveillé et m'appela:

« Gustave! Voici ma femme! Elle est retrouvée! »

Je fus présenté à Mme Ponceau. Elle avait de doux yeux pleins de buée, et j'eus idée qu'elle retenait mal une grosse envie de pleurer. Il n'aurait pas fallu pleurer devant Ponceau: il était rayonnant. La jeune femme avait tiré de son petit sac une belle grappe de raisins et des gâteaux, et le moribond se mit à manger.

« Est-ce que ça te fait plaisir? Je ne sais pas ce que c'est. J'ai pris n'importe quoi. J'étais folle. »

Il répondit, entre deux bouchées:

« C'est suave! »

Alors Mme Ponceau lui embrassait la main en disant:

« Il est si bon! si bon! »

Ponceau insista pour me faire manger des gâteaux, et il expliquait:

« Tu comprends qu'elle n'a pas attendu les Boches. Elle s'a carapatée* jusqu'en Bretagne. Le tout, c'était de se retrouver. »

Il ne suffisait pas de se retrouver. Il fallait vivre, et Ponceau connut de terribles journées. L'amour avait fait un miracle; mais, chaque jour, la fièvre revenait à l'assaut. Alors l'amour renouvelait son miracle, et les choses duraient.

L'état du blessé ayant été considéré comme très grave, Mme Ponceau fut autorisée à venir tous les jours. Elle entrait dès qu'on voulait bien lui ouvrir la porte; elle s'asseyait entre les deux lits, prenait la main de son mari dans les siennes et restait là, jusqu'au soir. Quelquefois, Ponceau souffrait; alors ils ne disaient rien. Elle le regardait seulement d'une façon fervente et obstinée, et je crois que ce regard-là faisait autant de bien à l'homme que les litres de sérum qu'on lui enfilait goutte à goutte sous la peau du ventre.

Vers cinq heures, un petit officier mielleux et rageur traversait la salle.

« Allons, madame, il faut vous en aller, c'est l'heure. »

Ponceau se mettait en colère et lançait des postillons dans toutes les directions:

« Encore cinq minutes, voyons! Elle ne gêne personne, cette pauvre mignonne. »

Et il ajoutait à voix basse:

« T'as pas vu cette bellure?* Il en a du crime! Il veut me séparer de ma femme, lui qui pagnote avec* la sienne toute la sainte nuit. »

Parfois, l'officier ajoutait une remarque touchant la discipline:

« Madame, ne posez pas votre sac sur le lit du blessé. »

Ponceau bégayait hargneusement:

« Mets-le sur le lit de Gustave! »

L'autre reprenait:

« Madame, retirez votre sac du lit de cet autre blessé. »

Alors Ponceau disait avec amabilité:

« Passe-le donc à Monsieur l'officier. Il va le tenir pendant qu'on s'embrasse. »

La plaie de Ponceau suppurait beaucoup. Quelquefois, il insinuait:

« Je crois que ça ne sent pas bon. C'est pas ma faute, c'est l'humeur. »

Et il la regardait avec des yeux anxieux. Mais elle répondait toujours qu'elle n'avait absolument rien remarqué.

Elle lui apportait des fleurs. Elle lui apportait surtout son bon regard mouillé qui avait toutes sortes de pouvoirs. Un jour, il s'écria:

« Dis donc, Gustave! Il me semble qu'ils ne me font plus leurs sacrées piqûres . . . »

C'était vrai. On lui avait supprimé la morphine sans qu'il parût s'en apercevoir. Il conclut avec un enthousiasme contenu:

« Voilà! je suis deux maintenant pour encaisser la misère. »

Quand sa femme était partie, il me demandait:

« Elle est gentille, n'est-ce pas? »

Et il ne me disait plus rien sans ajouter:

« Toi qu'as pas d'femme, mon pauv'vieux . . . »

Un jour, on s'aperçut que Ponceau allait nettement mieux, et on parla de ne plus autoriser les visites conjugales que deux fois par semaine.

Ponceau pleura toute la matinée, de vraies larmes d'enfant qui gonflaient ses gros yeux, remplissaient son nez d'eau et le défiguraient complètement.

Le père Coupé, qui aimait bien Ponceau, entra dans une grande colère. Comme il était toujours en bisbille avec* l'administration, il profita de l'occasion pour demander le transport de Ponceau à l'hôpital complémentaire de la rue des Petites-Ecuries, où il allait opérer souvent, et où il était roi.

« Il faudrait emmener Gustave, hasarda Ponceau.

- On l'emmènera », dit le père Coupé.

Et c'est ainsi que nous quittâmes l'hôpital de Saint-Mandé.

*

Rue des Petites-Ecuries, ce fut pour nous l'Eden.

L'hôpital complémentaire n° 335 avait été installé dans un hôtel hongrois mis sous séquestre* au début de la guerre. Il vivait des subsides accordés par une foule de dames riches qui faisaient les fonctions d'infirmières et remplissaient la maison de mouvements, de grâce et de forts parfums.

Nous fûmes reçus par Mme Potocka, la directrice.

C'était une ancienne belle femme, au profil régulier, à peine alourdi, à la gorge puissante, au geste autoritaire, maternel et langoureux.

Mme Potocka nous attendait au rez-de-chaussée. Elle prit

place à côté de nous, dans l'ascenseur, et nous nous sentîmes enlevés.

« L'ascenseur! me dit Ponceau, c'est ça qui sera pépère,* pour moi, avec ma sale patte! »

On fit halte au deuxième étage. Un spectacle enchanteur nous y attendait. Il y avait là une trentaine de belles dames, toutes mieux parées les unes que les autres. Elles environnaient nos brancards d'une blancheur mouvante qui nous éblouissait et nous étourdissait un peu.

A grand-peine, le père Coupé maintenait le calme dans cette aimable légion:

« Allons, mesdames! laissez conduire les blessés à la salle de pansements. Il y en aura pour tout le monde. »

Une excellente personne à la chevelure grisonnante se penchait sur mon brancard avec sollicitude. Elle s'enquit auprès de M. Coupé, d'une voix suppliante où perçait un accent étranger:

« Dites, docteur! c'est celui-là qui sera mon petit blessé?

– Madame Prosteanu, adressez-vous à Mme la directrice. »

La directrice avait son idée. Elle consulta ses registres et dit:

« Si vous le voulez, docteur, on mettra ces deux-ci dans la chambre 16. »

Et c'est ainsi que nous fûmes confiés aux soins de Mlle Caporal.

La chambre 16 était une chambre d'hôtel, plutôt luxueuse, avec deux bons lits de cuivre et des fauteuils.

Dès le lendemain, Mme Ponceau prit place dans un des fauteuils, et elle revint fidèlement s'y asseoir chaque jour.

Pour moi, je fis bientôt connaissance avec l'autre fauteuil. Mon bras n'était pas cicatrisé, mais j'allais relativement bien. Je commençais à me lever et en profitais pour visiter toute la maison. Nous étions en janvier 1915. De longs mois s'étaient écoulés depuis notre blessure. Pour mon compte, je devais rester paralysé; quant à Ponceau, sa plaie commençait à se combler; mais sa jambe ne ressemblait plus à rien d'humain. Il n'avait, autant dire, plus de cuisse; le genou commençait tout près de la hanche et le reste était déjeté, décharné, presque transparent de maigreur.

Je vous avoue que, pour moi, j'aimerais mieux une bonne jambe artificielle qu'un tel membre. Je dis cela, et vous regardez mon bras, et vous pensez vous-même qu'en place* d'une pareille loque vous préféreriez un appareil en bois, avec de belles articulations nickelées. Cela prouve qu'il est bien difficile de se mettre tout à fait à la place d'autrui.

La jambe de Ponceau n'était plus dans une gouttière;* elle n'avait qu'un simple pansement. Pendant plusieurs jours, Ponceau me parut sombre et, un matin, il me dit:

« Ma femme n'a pas encore vu ce qui reste de ma patte. Pourvu que ça ne lui fasse pas horreur! »

Je lui conseillai d'habituer Mme Ponceau à ce spectacle et à cette idée.

Je verrai toujours le pauvre garçon hasarder, en bégayant, le soir même:

« Dis, Françoise, ce n'est pas très, très beau; mais je vais te montrer ma jambe. »

Il tira le drap avec précaution et découvrit d'abord le pansement, puis la jambe entière.

J'étais debout au pied du lit. Je vis Mme Ponceau faire un petit sourire tremblant et répondre d'une voix céleste:

« Mais, mon chéri, on n'y voit presque plus rien. »

Puis elle l'embrassa en disant:

« Le principal est que tu sois sauvé. »

Ponceau était sauvé. Il n'avait plus désormais la moindre crainte, la moindre arrière-pensée. Son bonheur fut parfait. Toute la vie s'ouvrait devant lui. Il reprenait de la graisse; cela effaçait un à un les plis de son visage. Tous les matins, il chantait *La Riviera*, à pleine gorge et, quand Mlle Caporal lui présentait des objections, il s'exclamait:

« Le moral est bon! »

Mlle Caporal était une belle fille brune qui avait eu des chagrins. Quand Mme Ponceau entrait, l'infirmière la considérait avec l'air intéressé, indulgent et un peu complice d'une grande sœur qui sait ce qu'est l'amour, et qui a souffert. Puis elle sortait sur la pointe des pieds, en poussant de profonds soupirs résignés.

En général, l'après-midi, je laissais les deux époux à leur bonheur ingénu, et j'allais me promener dans la maison.

J'y rencontrais parfois le vieil officier chargé de la gestion militaire. Il ne sortait guère de son bureau, où il passait des heures sinistres, en proie aux paperasses dont il avait une frayeur superstitieuse et servile.

Il faisait toujours aux chirurgiens la même réflexion:

« Ah! là là! J'aimerais mieux opérer, moi aussi! Vous, après tout, vous vous en foutez: vous n'avez que la responsabilité morale. »

Et il retournait vérifier ses « états »* et couvrir le bas des pages de signatures cabalistiques.*

Mme Potocka était la tête de la maison. Elle rêvait d'imposer une discipline de fer à toutes ses infirmières, qu'elle voyait, le plus souvent, partagées entre un grand besoin de dévouement et de tyranniques habitudes mondaines.

« Soyez donc plus simple dans votre habillement », disait-elle à Mlle Flegenheim, une jolie juive aux lèvres éclatantes.

Ce qui n'empêchait pas Mme Potocka de couvrir ses cheveux cuivrés d'une coiffe chaque jour nouvelle, chaque jour plus blanche, mieux brodée, mieux ailée.

J'entrais quelquefois à la salle d'opérations où trônait notre cher père Coupé.

Mme Potocka avait beau crier: « Pas plus de deux dames à la salle d'opérations! » c'était toujours devant une nombreuse assistance parfumée que le projectile, enfin extrait des chairs vives du blessé, tombait en tintant dans la cuvette. Alors un murmure d'admiration s'élevait.

« Oh! docteur! docteur! C'est admirable! »

Et le père Coupé riait naïvement, avec l'air de dire:

« C'est comme ça que je suis, moi! »

La félicité conjugale de Ponceau faisait beaucoup parler

dans la maison. Souvent, j'étais arrêté dans l'escalier par M. Potocki, civil âgé, nabot, gâteux et millionnaire, qui me demandait:

« Comment va-t-il, votre camarade? Vous savez:

Boisseau, Pinceau, Boursault? Vous savez . . . Pauvre garçon, il a une bien charmante jeune femme! »

Mme Potocka avait accordé, sans réserve, sa haute protection à la femme de Ponceau. Celle-ci jouissait donc, dans l'établissement, de toutes les faveurs compatibles avec un vestige de vie militaire.

C'est au milieu de l'enthousiasme général que Ponceau fit ses premiers pas. On lui avait offert une magnifique paire de béquilles et il s'appuyait dessus, l'air ivre et inquiet, pendant que la malheureuse jambe pendait, bringuebalait, comme un membre de pantin mal ajusté. Toutes ces dames s'étaient tassées dans le corridor, et c'était à qui aiderait le blessé à se mouvoir; Françoise Ponceau suivait, les mains jointes, pâle de frayeur et d'émotion.

A partir de ce jour, Ponceau se leva deux ou trois heures chaque après-midi, et les choses en étaient là quand arriva une fameuse histoire.

*

A chaque étage de l'hôtel, il y avait un large palier où les dames se réunissaient dès qu'elles avaient achevé leur travail. On entendait, là, parler de stratégie et de toilettes, de chirurgie, de bonnes œuvres et de grands magasins.

De beaux yeux, faits pour guetter la balle du tennis ou apprécier la nuance d'une écharpe, reflétaient désormais, avec une gravité résolue, la hideur des salles de pansements, des cuisses coupées, des crânes béants. De belles bouches habituées à manger des fruits rares et à former de gracieux mots d'amour prononçaient avec autorité les mots de « désarticulation de l'épaule » ou de « gangrène de la jambe ». La guerre n'avait pas transformé la vie: elle s'était ajoutée à la vie, elle l'avait augmentée, apportant des deuils, des frayeurs inconnues, des devoirs passionnants, une occasion tragique et romanesque de multiplier ses destinées.

Mais, à travers ces coulisses de la guerre, sanglantes aussi et retentissantes du cri des hommes terrassés, un parfum de femme circulait qui n'avait pas changé, qui était toujours précieux, puéril et enivrant.

Au premier étage trônait Mme Seigneuret. Son mari était au front, dans une gare régulatrice* « très surveillée par l'aviation ennemie ». Néanmoins Mme Seigneuret ne s'affolait pas; elle savait dissimuler son angoisse et se montrait résignée, par avance, à toutes les disgrâces du sort.

Un jour donc que je devisais avec cette femme charmante et m'employais à lui définir exactement l'étendue des périls qui menaçaient M. Seigneuret, je vis Mme Potocka dégringoler l'escalier, en proie à toute la précipitation que peut concéder l'élégance.

« Venez, ma bonne Odette, que je vous raconte quelque chose », dit-elle, en haletant, à Mme Seigneuret.

Il y avait, à ce moment, sur le palier, une blondinette à figure de baby* qui, depuis quatre mois, s'étiolait dans les couloirs de l'hôtel, consumée par un mystique besoin de se dévouer, de soigner des blessés.

« Mlle Neveu, dit la directrice, voulez-vous aller voir si votre amputé du bras veut manger au réfectoire ou à la chambre? »

Mlle Neveu s'éloigna, comme une apparition angélique, et Mme Potocka poursuivit:

« Vous pensez que je ne peux quand même pas vous expliquer cela devant cette enfant. C'est à propos de Ponceau . . . »

Je m'étais éloigné et j'affectai de suivre les mouvements de l'ascenseur, sans toutefois perdre un mot de la conversation.

« Figurez-vous, ma chère, que Ponceau m'a demandé l'autorisation de sortir, une après-midi, pour voir sa femme . . . en particulier. Voilà! Vous comprenez.

- Quoi! Avec sa jambe! s'exclama doucement Mme Seigneuret.

- Mon Dieu, oui! Avec sa jambe! Il ne peut pourtant pas la laisser ici, sa jambe. »

A ce moment, la bonne Mme Prosteanu s'approchait, en compagnie d'une forte personne, encore agréable, qui s'appelait, si j'ai bonne mémoire, Mme Lestourneau.

En deux mots, ces dames furent au courant.

« Ce pauvre garçon, ajoutait Mme Potocka, m'a expliqué comme il a pu que, depuis six mois, enfin, vous comprenez . . . depuis six mois . . .

- Six mois, c'est long », dit franchement Mme Lestourneau dans un soupir.

Mme Prosteanu semblait rêver; elle murmura seulement avec un accent roumain:

« Six mois! A son âge! Et il a tant souffert!

- Oh! à coup sûr, il le mérite bien, déclara la directrice.

- Mais enfin, avec sa jambe! Pensez! Avec sa jambe, s'obstinait Mme Seigneuret.

- Allons donc, trancha Mme Potocka, ce n'est pas parce qu'il a la jambe déformée qu'il doit se priver toute sa vie d'embrasser sa femme. Voilà! Disons les choses nettement. Tenez, ma bonne Odette, imaginez, puisque votre mari, à vous, est sur le front, qu'il vous revienne avec une jambe comme celle de Ponceau. Eh bien? »

Mme Seigneuret se voila la figure avec des doigts épouvantés qui étaient chargés de bagues, et elle finit par concéder: « Sans doute! Sans doute! Mais ce n'est pas la même chose. »

En quelques minutes, l' « affaire Ponceau » fit le tour de l'établissement.

On en parlait, à mots couverts, à tous les étages, dans tous les couloirs. La nouvelle montait et descendait avec l'ascenseur, s'infusait dans les chambres où des dames prenaient la garde, se murmurait jusque dans la salle d'opérations.

A tout instant, j'entendais une voix féminine glisser dans une oreille féminine:

« On vous a dit?

– Quoi donc?

– A propos de Ponceau, vous savez: la cuisse de la chambre 16.

– Oh! oui! Le pauvre garçon . . . Je sais. Après tout, c'est bien légitime.

– Pensez donc: six mois! Et il a tant souffert!

– Il faut croire que ça va mieux maintenant.

– Oh! il va bien, mais, quand même, avec cette jambe . . .

– Le fait est! Avec une pareille jambe . . . Pensez! »

Les dames ne se faisaient pas faute de penser. A mon gré, elles pensaient un peu trop, et je me sentais légèrement agacé de voir les affaires privées de mon pauvre Ponceau courir ainsi la gazette.*

La chose demeurait sévèrement entre les dames. Quand Mlle Flegenheim, ou Mlle Neveu, ou d'autres jeunes filles apparaissaient, les bouches se fermaient par un accord concerté si net que ces enfants demandaient aussitôt:

« Qu'est-ce qu'il arrive donc? Il y a quelque chose de nouveau pour le blessé de la chambre 16? »

Et, comme on ne leur répondait rien, elles n'en concevaient qu'une plus vive curiosité.

Vers le soir, le père Coupé fit son apparition. J'entendais le bruit d'une grande discussion qu'il avait avec la directrice.

« Oh! non, docteur, disait-elle, ne nous amenez pas ici d'appendicites, ce n'est pas assez intéressant. Rien que des blessés, nous ne voulons rien que des blessés.

– Mais, madame, murmurait le brave homme, en guérissant une appendicite, nous rendons un fusil à la France.

– Oui, mais c'est bien moins intéressant que nos chers blessés. A propos, savez-vous? Pour Ponceau?

– Il n'est pas plus mal, chère madame?

– Au contraire, il va si bien qu'il m'a demandé . . . comment vous dire? qu'il m'a demandé . . . Enfin, il voudrait avoir une permission pour avoir avec sa femme quelques instants d'intimité.

– A la bonne heure, chère madame! Dix fois s'il le veut! Ces gaillards-là doivent encore quelque chose au pays. Sacré mâtin! ils lui doivent des enfants!

– Des enfants! Vous croyez quand même qu'avec sa jambe?

– Bah! chère madame, la jambe n'y est pour rien, ou pour si peu de chose . . . »

La phrase du père Coupé fit fortune. On la répétait, dans les couloirs, sous des formes énergiques, lapidaires:

« Les mutilés doivent encore quelque chose au pays: ils lui ont donné leur sang, qu'ils lui donnent maintenant des fils! »

Le docteur Guyard faisait une espèce de conférence au centre d'un groupe attentif.

« Chaque fois qu'en coupant une jambe je sauve un homme je pense d'abord à la race: ce gaillard-là reste un bon reproducteur.

– Vous croyez, docteur, demandait obstinément Mme Seigneuret, que les enfants qui viendront n'auront pas aussi les jambes, ou les bras . . . »

Je rentrai dans ma chambre, partagé entre une certaine envie de rire et un réel mécontentement. Le spectacle de Ponceau me calma. Il venait de quitter sa chère femme et fumait des cigarettes égyptiennes, couché sur le dos, en proie à la béatitude.

D'ailleurs il ne me parla de rien. Il semblait le seul à ignorer l'espèce d'agitation dont toute la maison était secouée.

Dans la soirée, Mme Potocka vint le voir.

« C'est entendu, Ponceau. J'ai porté votre permission à la signature. Ce sera pour vendredi.

– Vous êtes bien bonne, madame. Merci!

– C'est une chose trop naturelle, mon ami. Remplissez jusqu'au bout vos devoirs envers le pays. »

Mme Potocka sortit avec un sourire plein d'indulgence et d'encouragement.

Ponceau attendait peut-être que je lui dise quelque chose; mais, comme je restais silencieux, il se contenta de murmurer:

« Une perm',* mon pauv'vieux. Ma première perm' . . . C'est suave! »

*

Le lendemain, la journée du jeudi vit croître et embellir une exaltation magnifique. A son réveil, Ponceau se trouva possesseur d'une grande bouteille d'eau de Cologne. A tout instant, la porte de la chambre 16 s'ouvrait et une dame entrait, sous un prétexte futile:

« Voulez-vous des journaux illustrés?

– Mademoiselle Caporal, faut-il vous envoyer le coiffeur pour vos blessés? »

Mlle Caporal acquiesça. Elle semblait avoir été mise au courant de tout, et cela se comprenait, car ce n'était plus une enfant; elle avait une certaine expérience de la vie.

Le coiffeur monta. Ponceau eut les cheveux coupés, la tête frictionnée, les moustaches retroussées d'un petit coup de fer. Il recevait tous ces soins avec beaucoup de naturel et sans remarquer l'espèce d'enthousiasme dont il était l'objet.

Mme Prosteanu vint s'asseoir au bord du lit, familièrement à son ordinaire. Elle apportait à Ponceau la dernière création des confiseurs, un obus de carton rempli de crottes de chocolat. Le blessé remerciant avec confusion, la vieille dame répondit d'un ton maternel:

« Emportez cela demain avec vous. Vous en offrirez à votre charmante petite femme. »

Je sortis dans le couloir et commençai ma promenade quotidienne. Le docteur Guyard était penché sur la rampe de l'escalier et criait à Mme Potocka:

« Non! Evidemment! On ne peut pas lui donner un bain, à cause de sa jambe qui n'est pas fermée; mais faites-le toujours bien savonner à l'eau chaude. »

Et Ponceau fut savonné à l'eau chaude et frotté à l'eau de Cologne.

Mme Ponceau vint dans l'après-midi. On l'accabla de toutes sortes de prévenances. Mais elle était, comme son mari, plongée dans une extase tranquille et ne semblait pas remarquer la surexcitation qui régnait alentour.

C'est ainsi que se passa la journée du jeudi. Ponceau s'endormit du sommeil de l'innocence et il n'est pas sûr que le sommeil eut, cette nuit-là, même générosité pour toutes les créatures.

Le vendredi matin, la directrice fit une nouvelle apparition.

« Ponceau, dit-elle, je me suis occupée d'une voiture. Elle vous attendra devant la porte, à partir de midi. »

Le docteur Guyard vint lui-même fignoler* le pansement, avec Mlle Caporal. Au lieu d'une bande de tarlatane,* la bonne demoiselle disposa, autour de la cuisse de Ponceau, une merveilleuse bande de flanelle souple qu'elle attacha d'une épingle dorée, ornée de verroteries mauves.

Depuis longtemps, Ponceau n'avait plus de vêtements militaires et revêtait, pour la chambre, un somptueux pyjama d'étoffe rayée. Un peu avant le déjeuner, Mlle Caporal apporta un très beau pantalon rouge en « drap de sous-officier », une capote bien lavée, et un képi d'artilleur, pièces choisies dans les rayons les plus riches du magasin. Toute la maison avait d'ailleurs un petit air de fête. On s'abordait en disant:

« Il a vraiment bonne mine.

– Alors, c'est pour aujourd'hui?

– Oui! Il sort à midi. Il sera rentré pour la soupe.

– Cela leur fait cinq bonnes heures! »

Le docteur Guyard avait réuni les dames à la salle de pansements et leur donnait des explications complémentaires:

« L'instinct génésique,* mesdames, est le plus souvent assoupi pendant la période fébrile, car, chez nos blessés, ce n'est point comme chez les tuberculeux, qui paraissent, jusqu'à la troisième période, dominés par le désir de reproduction. Dans le cas qui nous occupe, le retour progressif des forces et de l'appétit s'accompagne volontiers d'une certaine aptitude à procréer. »

Mme Seigneuret ne semblait pas rassurée sur tous les points:

« Ne pensez-vous pas, docteur, que les douleurs provoquées par la jambe malade peuvent, dans une certaine mesure, troubler . . .

– Madame, n'oubliez pas que l'instinct de reproduction est un des plus puissants; après, toutefois, l'instinct de conservation et l'instinct de nutrition.

– Ça, c'est bien vrai », approuva Mme Lestourneau.

Ponceau, ce jour-là, par faveur spéciale, reçut l'ordinaire* des officiers: une aile de volaille et du gâteau de riz. On lui donna aussi un café fort et un demi-verre de champagne. Il absorbait tout avec une satisfaction candide et disait:

« Ici, ce n'est pas comme à Saint-Mandé: on fait bien les choses. »

Un peu avant midi, on le vit paraître dans les couloirs. Tout le personnel de l'hôpital était réuni au grand complet.

Mme Prosteanu lui attacha subrepticement un petit bouquet de fleurs sur sa capote en disant:

« Vous aurez l'air d'un marié. »

Et Ponceau monta dans la voiture où l'attendait le beau sourire calme de sa jeune femme.

*

Je passai l'après-midi à errer dans l'hôtel en fumant des cigarettes. Il faisait, au-dehors, une blanche et froide journée d'hiver; mais la maison, surchauffée par l'haleine du calorifère, semblait congestionnée. Il y régnait une atmosphère orageuse, saturée de nervosité.

Toutes les dames s'étaient réunies sur les paliers et dans les salons. Ce n'était pas, comme à l'habitude, des conversations à voix haute et des rires. On n'échangeait que des sourires distraits. On parlait, par petits groupes, à voix basse. Les jeunes filles s'écartaient ostensiblement des groupes de femmes mariées en disant: « Oh! je vous demande pardon! »

ce qui indiquait qu'elles étaient assez bien renseignées sur l'événement. Elles formaient aussi des conciliabules où se tenaient des propos mystérieux.

Le temps paraissait pesant et paresseux. Il se traînait sur les banquettes, s'arrêtait aux marches de l'escalier, semblait complètement immobilisé dans l'entrebâillement d'une porte.

Tout le monde avait l'air inquiet et impatient, comme dans l'attente du dénouement de certaines situations délicates.

Mme Prosteanu tira tout à coup sa montre et dit:

« Il est trois heures! »

Un silence profond accueillit ces simples paroles, et l'air parfumé parut soudain peuplé par toutes sortes de rêves en liberté. On eût dit que l'imagination humaine s'y répandait, l'imprégnait, lui donnait une odeur.

« Les oreilles me bourdonnent, dit naïvement Mme Lestourneau.

– C'est vrai, il fait bien chaud, remarqua Mme Seigneuret: j'ai des fourmis dans les jambes. »

Mlle Caporal se retira, prétextant une migraine. Enfouie dans un canapé, Mme Prosteanu causait gravement avec une personne distinguée que j'entendis, au passage, murmurer d'une voix dolente:

« M. Gastinel est toujours le meilleur des maris, mais ce n'est plus comme aux premiers temps de notre mariage . . . »

Mme Potocka s'appuyait sur la rampe de l'escalier et s'entretenait avec la jeune Mme Couturieux.

« Je n'ai pas toujours eu de bonnes grossesses, disait-elle. Pour mon dernier garçon, j'ai été bien souffrante, surtout pendant les premiers mois . . . »

Et Mme Couturieux répondait:

« Etre mère, c'est un sacerdoce! »

Puis, tout à coup, elle s'éloigna, en proie à une certaine émotion.

« Où allez-vous? demanda la directrice.

– Je vais faire mes massages », répondit brusquement la jeune femme.

De Ponceau, il n'était apparemment plus question. Mais il remplissait la maison des combles aux caves et l'on pensait à lui en croyant penser à soi-même.

Un peu de temps passa, et Mme Prosteanu, tirant de nouveau sa montre, s'écria:

« Tiens! Il est plus de quatre heures. »

Ce fut le signal d'une sorte de détente. Toutes les dames se trouvèrent des occupations et en profitèrent pour changer de place.

J'eus l'impression d'une lassitude générale et d'une vague tristesse. Une espèce de charme venait d'être rompu. Quelque chose au monde s'achevait et l'on tournait la page avec mélancolie.

Mme Seigneuret se leva, étirant ses beaux bras.

« Oh! quelle horrible guerre! » prononça-t-elle.

Avec une extrême candeur, Mme Lestourneau fit remarquer:

« Ponceau va bientôt rentrer. »

Aussitôt toute la société affecta de repenser soudainement à Ponceau.

« Tiens! C'est vrai! Ce pauvre Ponceau . . . »

Mme Potocka poussa le talent jusqu'à dire:

« Ce brave Ponceau! Nous n'y songions plus. »

Mais la présence d'esprit n'est pas aussi développée chez toutes les personnes, et c'est pourquoi l'on entendit, quelques instants après, la voix juvénile de Mlle Flegenheim s'écrier:

« Le voilà! Le voilà! »

Une voiture venait de s'arrêter devant l'hôtel. Et c'était bien lui.

Les escaliers furent le lieu d'une légère bousculade. Ponceau apparut, béquillant sans adresse au milieu des blouses neigeuses.

Il fumait un gros cigare. Il avait le teint avivé par la fraîcheur du dehors. Ses yeux reflétaient une grande bonté, un grand bonheur et un perpétuel étonnement.

« Etes-vous content de votre permission, Ponceau?

demanda discrètement Mme Potocka.

– Bien sûr, madame la directrice. »

L'ascenseur saisit Ponceau et l'arracha brutalement à la curiosité générale. Ce fut dans la chambre 16 que nous nous retrouvâmes.

En dînant, Ponceau me dit:

« J'ai vu le bois de Boulogne! Quelle belle balade, mon pauv'vieux! Non! quelle belle balade! C'est encore pépère de vivre, mon pauv'vieux, et d'avoir sa chère petite femme. »

Il ne me fit pas d'autre confidence, et jamais je ne sus au juste l'emploi du temps de sa première permission.

Le soir, au lit, en dépliant les journaux, il s'exclama tout à coup:

« Non! tu ne sais pas ce que j'ai trouvé dans la poche de ma capote? Une bouteille d'eau de mélisse,* mon pauv'vieux! Je ne sais pas pourquoi qu'on m'a fait ce cadeau-là. Mais ce n'est pas à jeter: nous allons la déboucher et en boire une bonne goutte. »

# LE CUIRASSIER CUVELIER

Elle m'est restée sur le cœur,* l'histoire du cuirassier Cuvelier. M. Poisson n'est pas un méchant homme, loin de là! Mais il est quand même un peu trop vieux, voyez-vous!

Il ne faudrait pas faire la guerre avec toute cette vieillerie-là. Vous savez ce que ça nous a coûté. Et le plus curieux, monsieur, c'est que tout le monde le reconnaît, puisque l'on est arrivé à les expédier dans le Limousin, ces gars-là, tous, l'un après l'autre. Enfin! ne parlons pas de ça, c'est presque de la politique et je sais bien que ça ne me regarde pas.

Pour ce qui est de M. Poisson, il a surtout un défaut: il boit. A part cela, je vous l'ai dit, ce n'est pas une mauvaise pâte d'homme. Mais, croyez-moi, la pâte d'un homme, quand elle est imbibée de petits verres, et même de grands verres, elle finit par se gâter, cette pâte. M. Poisson boit, et c'est très malheureux pour une personne qui occupe une situation importante.

Maintenant, ce qu'il a encore de spécial, c'est qu'il n'est pas du genre de nous autres civils. Oh! c'est une espèce à part. Pour M. Poisson, on a l'impression que le monde est divisé en deux. D'un côté, tout ce qui est au-dessus de lui. Quand il est tourné de ce côté-là, il salue et il dit: « Compris, mon général! » « Bien entendu, mon colonel! » Et puis, de l'autre côté, tout ce qui lui est inférieur. Alors, quand il regarde par là, il rougit et se met à hurler: « Taisez-vous!

Foutez-moi la paix », et toutes sortes d'histoires de ce goût-là. Au fond, je crois qu'il a raison, et que c'est ainsi qu'il faut être, dans ce métier. Je vous le répète, pas méchant, plutôt timide. Aussi, il crie tout de suite, rien que pour montrer qu'il n'a pas peur.

Après tout, ça, c'est du militaire et, dans un sens, ça ne nous regarde pas. Parlons d'autre chose. Moi, j'ai pour principe de ne jamais parler de certaines choses qui sont, en quelque sorte, sacrées.

Ce que je reproche personnellement à M. Poisson, c'est de m'avoir mis à la Morgue, à l' « amphi », comme il dit, moi qui sais écrire en ronde,* en bâtarde,* en gothique, en coulée,* en plus de douze espèces encore, moi qui aurais fait un si bon secrétaire de bureau.

Imaginez cette réception: j'arrive, avec mon casque, mon sac, tout mon barda.* On me fait entrer dans une baraque et l'on me dit: « Monsieur le médecin-chef est là! »

D'abord, je ne vois rien. M. Poisson était enfoncé jusqu'aux cheveux dans des papiers; j'entendais tout juste une respiration d'asthmatique, pareille au bruit du vent dans les serrures. Tout à coup, le voilà qui sort de son nid et qui me considère. Je vois un vieux bonhomme un peu gros, un peu court de pattes, donnant l'impression d'être pas très propre de sa personne, avec des ongles ourlés de noir et trop de peau sur le dos des mains, une peau fripée, pleine de taches de rousseur. Il me considère, mais il fait comme s'il ne me voyait pas. Moi, je le regarde en face et je le vois très bien: un nez garni de petites varices, des pommettes bleuâtres, trop de peau aussi pendant sous le menton, comme sous le mufle des bestiaux, et, au-dessous des yeux, deux poches tremblotantes, semblables à deux petits verres d'eau-de-vie, deux poches qu'on a envie de percer avec une épingle.

Il me regarde encore une fois, crache à terre et fait:

« Oui . . . »

Je réponds tout de suite:

« Parfaitement, monsieur le médecin-chef. »

Alors il se met à crier, d'une vieille voix toute pleine de crachats:

« Vous voyez bien que je ne vous parle pas. Foutez-moi la paix. Vous voyez bien que j'en ai par-dessus la tête avec l'offensive, et les blessés, et toutes les machines! »

Que pensez-vous que je devais répondre? Je me mets au « garde à vous » et je dis encore:

« Oui, monsieur le médecin-chef. »

Le voilà qui allume une cigarette et qui commence à faire « hum! hum! » parce que, vous le remarquerez, il a toujours la poitrine grasse,* à cause de l'alcool.

Là-dessus, entre un officier. M. Poisson s'écrie:

« C'est vous, Perrin? Oh! mon cher, laissez-moi tranquille avec toutes les machines, vous voyez bien que je suis éreinté de travail. Tenez, regardez mon papier: dix-neuf! Je n'en finis pas! Dix-neuf! »

L'officier me prend par le bras et dit:

« Oh! Mais, c'est l'homme de renfort! »

Alors, M. Poisson s'approche, me regarde sous le nez et se met à beugler, avec son haleine qui sent le fond de tonneau:

« Foutez-le à la Morgue! Il faut quelqu'un pour la Morgue; eh bien, foutez-le à l' « amphi ». Il aidera Tanquerelle, Voilà! A l'amphi! Et puis assez de machines comme ça! »

Dix minutes après, j'étais affecté à l'amphi.

*

Monsieur, cela m'a rendu triste. J'ai un assez bon naturel, mais ce n'est pas une vie que de remuer des morts toute la journée. Et quels morts! La fleur du pays, abîmée comme on n'imagine pas que l'on puisse abîmer un corps humain.

Tanquerelle est un ancien commis de charcuterie. En voilà encore un qui boit. On lui fait faire toutes les sales besognes parce qu'il boit, et on lui donne à boire sous prétexte qu'il fait toutes les sales besognes. Enfin, ne parlons pas non plus de ça . . . Cette question de l'alcoolisme, elle ne me regarde pas, malheureusement!

Tanquerelle n'est pas une compagnie, c'est une calamité, un fléau, une engeance,* comme on dit. Quand il est à jeun, il ne parle pas; mais il n'est jamais à jeun. A son ordinaire, il dit toutes sortes de riens, des réflexions d'ivrogne qui font mal à entendre devant des cadavres.

On dit, monsieur, que les cadavres, ce n'est plus grand-chose et que lorsqu'on a l'habitude de vivre avec eux, on les considère à peu pres comme des pierres. Eh bien, ce n'est pas mon cas. Tous ces cadavres, avec qui je passe mes journées, ils finissent par être pour moi des compagnons. Il y en a qui me plaisent, je regrette presque de les voir partir. Des fois, quand, par maladresse, j'en heurte un du coude, il faut que je me retienne pour ne pas lui dire: « Pardon, mon ami! » Je les regarde, avec leurs mains remplies de durillons, avec leurs pauvres pieds doublés de corne à force d'avoir traîné sur les routes, et tout cela parle à mon esprit.

Je vois une méchante bague à un doigt, un signe de naissance sur la peau, une cicatrice ancienne, quelquefois même un tatouage, enfin une de ces choses dont l'homme ne se sépare pas dans la mort: ses pauvres cheveux gris, les plis de sa figure, un reste de sourire aux yeux, plus souvent un reste d'épouvante. Et tout cela fait travailler ma cervelle. Je lis leur histoire sur leur corps; je pense combien ils ont besogné avec ces bras que voilà, je pense qu'ils ont vu bien des choses avec leurs yeux, qu'on a baisé leur bouche, qu'ils étaient coquets de leur moustache ou de leur barbe, sur laquelle, maintenant, je vois remonter les poux saisis par le froid de la peau. Je pense à ces choses pendant que je les couds dans la grasse toile; et ça me donne une tristesse bien étonnante, car, au fond, elle ne me déplaît pas.

Mais je vois que je tourne à la philosophie. Motus! Je ne suis pas un philosophe pour me permettre de vous embêter.

Je crois que je vous parlais du cuirassier Cuvelier? Eh bien, revenons à l'histoire du cuirassier Cuvelier.

Cela remonte aux attaques de mai. Je vous affirme que je n'ai pas chômé pendant ce mois-là! Il m'en est passé des morts par les mains! Que leurs femmes et leurs mères soient tranquilles, les malheureuses: j'ai fait mon devoir à ma façon. Tous sont partis, la bouche fermée d'une mentonnière, les mains croisées sur la poitrine, chaque fois, bien entendu, qu'il leur restait une bouche et des mains, et je les ai soigneusement enveloppés. Je ne parle pas des yeux, ce n'est pas moi qui peux les leur fermer, il est trop tard quand ils arrivent à l'amphi Oh! je les ai bien soignés, mes morts.*

Un jour donc, on m'en amène un qui ne portait pas de fiche. Il avait la figure très abîmée et des pansements un peu partout, sur les membres, mais pas de fiche, pas de plaque au poignet, rien!

Je le mets de côté et je fais prévenir le médecin-chef.

Au bout d'un moment, la porte s'ouvre et M. Poisson se présente.

Il se tient toujours très bien quand il a un verre dans le nez;* je reconnais pourtant la chose à certaines façons qu'il a de tousser, de cracher à terre et de tripoter sa croix, parce que vous savez qu'il est officier de la Légion d'honneur.

« Vous avez un bonhomme de trop? me dit-il.

– Monsieur le médecin-chef, je ne sais pas s'il est de trop, mais il ne porte pas de fiche d'identité.

– C'est pas clair tout ça, reprend M. Poisson, je vois que vous avez huit cadavres, ici, attendez donc . . . »

Il tire de sa poche un petit bout de papier froissé, il le retourne en tous sens, puis il pousse des cris:

« Sept! sept seulement! Vous ne devez avoir que sept cadavres. Vous êtes un cochon! Qui est-ce qui vous l'a donné, ce mort-là? Je n'en veux pas. Il n'est pas sur le compte. D'où vient-il seulement, ce mort-là? »

Je commence à trembler et je réponds en bégayant:

« Je n'ai pas remarqué quels étaient les brancardiers qui l'ont apporté ici.

– Ah! vous n'avez pas remarqué? Et qu'est-ce que vous voulez que j'en fasse, moi, de ce mort? D'abord, comment s'appelle-t-il?

– Justement, monsieur le médecin-chef, on ne sait pas, puisqu'il n'est pas identifié.

– Pas identifié! Eh bien, nous sommes frais:* Vous, vous aurez de mes nouvelles. Ah! je n'aime pas ces machines-là. Pour commencer, suivez-moi!

Et nous voilà partis de baraque en baraque, M. Poisson demandant à chaque porte:

« Est-ce que c'est vous qui nous envoyez des morts sans papiers? »

Vous pensez bien qu'interrogés de cette façon-là, tous les subordonnés de M. Poisson se défilaient, comme on dit. Les uns rigolaient en-dessous, les autres prenaient peur. Tous répondaient, invariablement:

« Un mort sans identité? Oh! monsieur le médecin-chef, ce n'est sûrement pas de chez nous. »

M. Poisson commençait à respirer péniblement; il cornait* comme un cheval fourbu; il crachait partout; sa voix ne ressemblait plus à rien d'humain, à force d'être en colère: une voix usée, trouée, en loques. Malgré son mauvais caractère, il finissait par me faire pitié, ce pauvre vieux.

Il revient au bureau, toujours suivi par moi, et il se jette sur ses papiers; il remuait là-dedans comme un barbet* dans la crotte. Puis, avec des gloussements de fureur, il reprend:

« Voilà! Il en est entré 1236. Il en est sorti 561. Comprenez-vous? A cette heure, il en reste ici 674. C'est bien ça: il y en a un qui manque, et c'est celui-là qui est de trop. Et on ne sait pas ce qu'il est! Nous sommes frais, nous sommes frais! »

J'avoue que l'assurance de M. Poisson m'impressionna. Surtout, je fus surpris par la précision des chiffres qu'il donnait. C'est quand même merveilleux, monsieur, de voir l'ordre qui règne dans les choses militaires; toujours on peut dire avec exactitude, par exemple: sur cent brancards, il y en a vingt-trois d'égarés, pas un de plus, pas un de moins; ou bien: il est entré mille blessés, il en est mort cinquante, c'est donc que les 950 autres sont encore vivants. A ce point de vue, cet ordre mathématique vaut bien la peine qu'on écrive tous les papiers qu'on écrit. En entendant M. Poisson faire son compte, je compris à quel point mon malheureux cadavre était de trop.

Le médecin-chef répétait: « Nous sommes frais! » Il dit encore: « Venez avec moi! » Et il sortit.

Voilà M. Poisson parti de nouveau à droite et à gauche. Je

le suivais, la tête basse, et me sentais gagné peu à peu par sa fièvre. Il arrêtait tous les officiers:

« J'en ai assez de ces machines-là! Regardez donc un peu si ce mort ne sort pas de chez vous, des fois. »*

Il entrait même dans les salles d'opérations et interpellait les chirurgiens:

« Ce n'est pas vous qui m'auriez envoyé un mort sans fiche? »

Et, tout le temps, il sortait son petit papier froissé et il y ajoutait, au crayon, un chiffre, une croix.

Vers le soir, il fixa sur moi ses yeux qui semblaient bordés de jambon d'York et il dit:

« Vous, retournez à l'amphi! Vous aurez de mes nouvelles! »

Je retournai à l'amphi et je m'assis tristement. On avait apporté trois nouveaux cadavres. Tanquerelle les vissait dans les cercueils, avec l'aide du menuisier.

Sur la table, enseveli provisoirement dans une toile de tente, le mort inconnu attendait une décision. Tanquerelle était complètement ivre et chantait le *Missouri*, ce qui n'est pas une chose à faire quand on s'occupe de cadavres. J'allai soulever la toile de tente et je considérai le corps glacé. Toute la figure broyée était enveloppée de linges. On apercevait quelques mèches de cheveux blonds. Pour ce qui est du reste, un corps quelconque, comme le vôtre ou le mien, monsieur.

La nuit était tombée. La porte s'ouvrit et M. Poisson apparut, avec une lanterne, accompagné d'un autre officier. Il semblait calme et avait quelques renvois, comme un homme qui vient de bien dîner.

« Vous êtes un couillon,* me dit-il; vous n'avez même pas vu que ce corps-là, c'est celui du cuirassier Cuvelier.

– Mais, monsieur le médecin-chef . . .

– Taisez-vous! C'est le cuirassier Cuvelier. »

Il s'approcha de la table, mesura de l'œil le cadavre et s'exclama:

« Bien sûr! Il est assez grand pour être cuirassier. Voyez-vous, Perrin, le cuirassier Cuvelier est entré à l'ambulance avant-hier. D'après les registres, il n'est pas sorti. Or, il n'est plus en traitement, donc il est mort et c'est lui qui est là. C'est clair!

- Evidemment, dit Perrin, c'est bien lui.

- N'est-ce pas? reprit M. Poisson. C'est Cuvelier; ça se voit. Pauvre bougre! Maintenant, allons dormir. »

Puis il se tourna vers moi:

« Vous, vous le mettrez en bière, et vous collerez sur le couvercle: « Cuvelier Edouard, 9e cuirassiers. » Et puis, vous savez, plus de machines comme ça. »

Ces messieurs sortirent. Je mis dans un cercueil le cuirassier Cuvelier et j'allai passer quelques heures sur ma paillasse.

*

Le lendemain matin, je me disposais à faire clouer la bière de Cuvelier Edouard, quand je vis encore une fois entrer M. Poisson. Il n'avait pas la figure aussi calme que la veille au soir.

« Attendez, avant de faire enterrer ce bonhomme-là », me dit-il.

Il tournait autour de la bière, mâchait un bout de cigarette, ruminait un catarrhe qui paraissait vieux comme l'humanité; enfin, il avait l'air si peu tranquille que je vis bien qu'il n'était pas décidé à lancer Cuvelier, comme cela, dans l'éternité. Ça ne passait pas, le mort se mettait en travers et ne voulait pas se laisser avaler. Je ne sais si M. Poisson avait une haute idée de son devoir, ou simplement peur des complications, mais, à ce moment-là, il m'inspira une touchante sympathie.

Il se tourna vers moi, et, comme il n'aime pas rester seul:

« Venez, dit-il, venez encore avec moi. »

Nous voilà repartis à travers les baraques. M. Poisson entrait et disait:

« Pavillon 8? C'est un pavillon de grands blessés? Vous

n'avez pas ici le cuirassier Cuvelier? »

Les gens du pavillon se consultaient et répondaient: « Non. »

Nous allions plus loin.

M. Poisson recommençait:

« Pavillon 7? Avez-vous ici un nommé Cuvelier, du 9e cuirassiers?

– Non, monsieur le médecin-chef. »

Alors M. Poisson triomphait:

« Bien sûr! Ils ne peuvent pas l'avoir, puisqu'il est mort. Je fais ça par acquit de conscience. Moi, je suis comme ça. »

Nous rencontrâmes M. Perrin.

« Voyez-vous, Perrin, lui dit le médecin-chef, pour être tout à fait tranquille, je cherche dans les salles s'il n'y a pas un Cuvelier. Et il n'y en a pas. Bien entendu, je ne cherche que dans les salles de grands blessés. Pas si bête: puisqu'il est mort c'est qu'il était un grand blessé.

– Evidemment », dit M. Perrin.

Quand nous eûmes visité tous les pavillons, M. Poisson se rengorgea, ce qui fait toutes sortes de plis à la peau qui lui pend sous le menton, et il conclut:

« C'est bien Cuvelier! Voilà ce que c'est que d'avoir de l'ordre. Chez moi, ce n'est pas comme chez Pouce et chez Vieillon, qui sont des jean-foutre.*

– Peut-être, dit M. Perrin, devriez-vous demander quand même aux « petits blessés », par prudence.

– Bah! si vous voulez », dit négligemment M. Poisson.

Et nous nous dirigeons vers le pavillon d' « évacuables ».

Nous entrons; nous posons la question habituelle. Personne ne répond. Au moment de sortir, M. Poisson répète:

« Cuvelier n'est pas ici? »

Alors nous entendons tout à coup crier:

« Si! Cuvelier, présent! »

Et un grand type frisé sort de son lit, en brandissant une main qui portait un tout petit pansement.

Alors les choses deviennent tragiques. M. Poisson vire au

violet noir, comme un homme frappé d'apoplexie. Il crache deux ou trois fois de suite. Il se flanque des claques sur les cuisses et dit dans un râle:

« Allons, bon! faut qu'il soit vivant, celui-là!

- Cuvelier, reprend l'autre, c'est moi!

- Cuvelier, Edouard?

- Oui, Edouard!

- Du 9e cuirassiers?

- Parfaitement, du 9e cuir! »

M. Poisson sort comme un fou, suivi de M. Perrin, suivi de moi-même. Il file à la Morgue, il se plante devant la bière, bave sur sa vareuse et dit simplement:

« Si ce n'est pas Cuvelier, tout est à recommencer. »

*

Ah! Monsieur! Quelle journée! Quel souvenir!

L'offensive continuait, pendant ce temps. Les morts remplissaient le réduit qui leur était réservé. Mais la vraie vie du service semblait suspendue.

Vous avez vu des bateaux arrêtés au milieu d'une rivière et gênant toute circulation? Eh bien, le cadavre inconnu donnait cette impression. Il était échoué par le travers de notre besogne et menaçait de tout troubler à commencer par la santé du malheureux M. Poisson, qui parlait de se faire évacuer.

Toutes les heures, il venait donner un coup d'œil au corps qui entrait doucement en décomposition. Il le contemplait avec fixité, comme s'il eût espéré faire renoncer la mort au silence.

L'après-midi je fus tranquille un moment. M. Poisson faisait la sieste. Vers six heures, il reparut et j'eus peine à le reconnaître. Il avait les mains presque lavées, un col blanc, la barbe faite et l'haleine d'un homme qui vient de se rincer le bec* au vieux marc.

« Eh bien, quoi, me dit-il, vous n'avez pas encore fait clouer la bière de l'Allemand? C'est donc que vous êtes un jean-fesse?

– Mais, monsieur le médecin-chef . . .

– Taisez-vous! Et faites vite une plaque: « Sujet allemand. Inconnu. » Compris? »

M. Perrin venait d'entrer. Les deux officiers regardaient encore une fois le cadavre.

« Il est visible que c'est un boche, dit M. Poisson.

– Oui, regardez ces cheveux blonds.

– Perrin, vous auriez dû y penser plus tôt », ajouta le médecin-chef.

Ces messieurs allaient partir, quand M. Poisson se retourna.

« Après tout, sortez-le donc de la bière; puisque c'est un Allemand, on l'enterrera sans cercueil, comme d'habitude. »

# LES MAQUIGNONS

On les a tous convoqués pour midi,* mais beaucoup devront attendre jusqu'à la nuit tombante.

Ils sont assemblés devant la porte de l'établissement et y forment comme une sombre flaque; il y a des éclaboussures dans le jardin ou déambulent des groupes mornes.

C'est une après-midi de février. Le ciel épais et soucieux se déplace d'une seule pièce. Il est gonflé de pensées si tristes qu'il ne peut s'intéresser aux petits événements d'ici. Le vent est bourru. Il doit savoir ce qu'ils font là-haut, mais il n'en dit rien; il ne charrie même plus la basse ronflante du canon: on est trop loin, il faut oublier.

Le vent s'engage entre les bâtiments tourne sur lui-même et s'affole comme une bête sauvage prise au traquenard.

Les hommes ne prêtent attention ni au ciel, ni au vent, ni à l'aigre lumière d'hiver: ils pensent à eux-mêmes.

Ils ne se connaissent pas; seule, la raison qui les rassemble leur est commune. Ils en ont l'air gêné, excédé, et ne parviennent pas à manifester de l'indifférence. Pourtant, à les bien regarder, ils ont quelque chose qui les apparente: c'est comme un manque d'allégresse physique, un aspect maladif des corps, trop de graisse, ou trop peu, des yeux allumés de fièvre, parfois une infirmité évidente, plus souvent des peaux grises, éclairées d'un sang misérable. Jamais une joyeuse détente de muscles sains: toute l'assemblée a une lenteur de limace.

Accablés d'être un troupeau, quelques hommes se sont mis à parler, parce que cela soulage l'orgueil; d'autres se taisent, à cause de l'orgueil aussi.

Il y a là des employés, des gens à professions, des ouvriers, des intellectuels qui voilent avec un lorgnon des regards chargés d'amertume et qui portent de longs cheveux.

Tout ce monde fume. Jamais il n'a été si visible que le tabac est, pour l'âme, un remède contre elle-même.

De temps en temps, deux ou trois hommes gagnent la grille du jardin et disparaissent pour quelques minutes. Ils reviennent, s'essuyant la bouche, l'haleine chargée d'une grosse odeur de vin.

Plusieurs fois par heure, la porte s'entrebâille. Un gendarme paraît et crie des noms. Ceux qui sont appelés fendent la foule, comme attirés par des fils. Ils ont les coins de la bouche un peu crispés. Ils affectent un air détaché, ou las, ou gouailleur, et ils pénètrent sous la voûte.

Ils ne voient plus le ciel de février, ils ne respirent plus le vent enivré d'odeurs froides: ils sont entassés dans un couloir puant dont les murs, peints de couleurs sans nom, sécrètent une sueur visqueuse. Ils y piétinent quelque temps, puis une autre porte s'ouvre. Un gendarme les compte par douze, comme des fruits ou des bestiaux et les pousse dans la grande salle où se passe la chose . . .

Tout de suite, une violente odeur d'homme les prend aux narines. Ils ne démêlent d'abord pas très clairement de quoi est faite l'étrange agitation qui règne en ce lieu. On ne leur laisse pas le temps de réfléchir.

Et puis, à quoi bon réfléchir? Un immense gémissement ne s'élève-t-il pas de tout le pays malade, un appel, un râle de peuple qui se noie?

A quoi bon réfléchir? Réfléchit-il, le tourbillon frénétique qui ravage en grognant le vieux continent? Non, en vérité, les temps ne sont pas à la réflexion.

Il faut se déshabiller vite et se mettre en rangs.

La salle est vaste et hostile. Ses murs sont ornés de

maximes, avec des bustes de gens inconnus; au centre, une table semblable à un tribunal.

Un personnage y trône qui porte haut une assez rogue tête blanche, où l'on distingue de la lassitude et de l'obstination. D'obscurs comparses l'assistent. Devant la table, deux hommes en blouse, l'un vieux et desséché, l'autre encore jeune, la figure absorbée, sans entrain.

Les hommes avancent, par files, vers chacune des blouses blanches; ils marchent les uns derrière les autres, comme des suppliants à l'autel d'un dieu courroucé. Ils ne savent que faire de leurs bras.

Ce n'est pas la fleur de la race: il y a déjà longtemps que les plus beaux hommes du pays vivent là-bas, dans la boue jusqu'au ventre, attentifs au péril comme des chats.

Depuis longtemps il ne reste plus, sur le van du métayer, que la menue paille et la poussière; et c'est ça que, d'une main avide, il fouille encore pour y chercher quelques grains épars.

Les hommes n'ont pas froid: un calorifère enragé lance au ras du sol des bouffées de siroco. Plusieurs tremblent, pourtant: et ils ont la chair de poule comme des gens qui ne savent pas être nus. Ils se campent, tantôt sur une hanche, tantôt sur l'autre, croisent leurs bras, ou se placent la main à plat sur une fesse, puis la laissent retomber, honteux de leur propre contact. Mais d'autres détresses les attendent: ils cessent bientôt de chercher leurs poches ou de se composer une attitude.

Dans un coin, près de l'entrée, un gendarme bouscule un petit employé chétif qui tarde à se dévêtir: il pensait ne pas devoir quitter ses chaussettes et son caleçon; on l'y oblige et il en tire avec désespoir deux pieds sales.

Les personnages en blouse opèrent avec une sorte de hâte fébrile, comme des ouvriers aux pièces.*

Quelques questions sommaires, et, tout de suite, ils avancent les mains, ils touchent, ils palpent.

Le sujet est un peu pâle. Une rosée tiède lui perle aux tempes. Il bafouille et parle comme on supplie. Puis, interrogé de nouveau, il répond avec confiance.

« Vous n'avez pas que ça. Vous toussez?
- Oui.
- Vous avez sans doute aussi des palpitations?
- Oui, beaucoup de palpitations.
- Et puis des douleurs articulaires?
- Oui, surtout des douleurs articulaires.
- Vous ne digérez pas bien?
- Non, jamais je ne digère bien. »

L'homme semble tout à fait rassuré. Il répond avec une sorte d'enthousiasme, comme quelqu'un qui est, enfin, compris. Soudain, le vieux médecin lève les épaules et dévoile le piège:

« Vous avez tout, évidemment. Eh bien, vous serez versé dans le service armé. »

L'homme chancelle légèrement et gémit d'une voix sans timbre:

« Vous savez pourtant bien . . .
- Vous avez trop de maladies; eh bien, vous n'avez rien du tout! Allez-vous-en! Service armé! »

L'autre blouse blanche est aux prises avec un gros bonhomme au ventre fripé qui cache à deux mains une partie de son corps. Il explique quelque chose à voix basse et se sauve précipitamment repasser sa chemise à plastron et sa jaquette décorée des palmes académiques.

Parfois, un des assistants tousse, et aussitôt une bourrasque de toux traverse l'assemblée en coup de vent.

Un grand gaillard grisonnant sort de l'ombre. Tout le monde s'écarte de lui, avec une sorte de dégoût. Alors il apostrophe ses voisins:

« Ben quoi?* C'est jamais que des taches de la peau. »

Derrière lui, effondré sur un banc, un long personnage qui porte entre vingt et soixante ans se déshabille soigneusement. Son visage fait pitié, il semble abîmé au fond de la détresse humaine. Il enlève une quantité incroyable de vêtements, de tricots, et puis apparaissent des choses touchantes: des plastrons de flanelle, des sachets, des scapulaires, des paquets de médailles. Il range tout cela sur le banc; les voisins s'agitent, les vêtements tombent et sont foulés aux pieds des nouveaux arrivants. L'homme sans âge est tout pâle, comme si l'on marchait sur sa vie intime ou sur son orgueil.

Un bruit de discussion trouble le silence bourdonnant. Le vieux médecin s'exclame d'un ton furieux:

« Moi, je vous dis que je n'entends rien! »

Avec ses deux mains, il pèse sur les épaules d'un gringalet grêle comme un cure-dent et qui paraît atterré.

D'un mot, le gringalet est précipité dans le service armé, et il s'éloigne plus troublé, plus frémissant, plus affolé qu'il ne le sera en rase campagne face aux mitrailleuses.

A l'autre bout de la salle, un phénomène nouveau se passe.

« Je vous dis que je peux marcher, proteste une voix vermoulue, rongée d'on ne sait quel mal.

– Non, répond le jeune médecin, non, soyez raisonnable et retournez chez vous. Nous vous prendrons plus tard, quand vous serez tout à fait rétabli.

– Si donc vous ne voulez pas de moi, c'est que je vas crever. Mais je vous dis que j'ai des raisons pour aller au front, plutôt que de rester à me faire engueuler tous les jours. »

Un court silence immobilise tout le monde; l'écho d'un drame s'y prolonge. L'homme est visiblement très malade. Sa poitrine est horrible à voir et traversée par une respiration orageuse. Il se tient à peine sur des jambes bouffies, veinées de mauve.

« Maintenu! » crie le juge.

Et le malheureux retourne à ses frusques, les épaules basses, le regard vertigineux commme un bœuf assommé.

Le suivant est fataliste, il se refuse à discuter son sort.

« Ça n'est pas ça qui peut vous empêcher de servir!

– Bah! ce sera comme vous voudrez.

– Alors, service armé!

– Si vous voulez! Je m'en fiche! »

Et il se retire tout de suite, délivré, comme quelqu'un qui a joué son avenir à pile ou face.

Tous ceux qui passent laissent dans la salle un peu de leur lourde odeur d'hommes mal lavés. Chose étrange, ils ont tous l'haleine fétide: ils ont, aujourd'hui, mangé trop vite, mal digéré, trop fumé, trop bu. Il sort, de toutes ces bouches, le même souffle aigre et chaud qui trahit la même émotion, le même détraquement de la mécanique.

L'atmosphère de la salle s'épaissit peu à peu. Les lampes, allumées tôt, sont comme ouatées d'un brouillard gluant qui rend tous les objets moites. Il y a surtout, dans l'air, quelque chose de plus secret, de plus trouble, de moins évident; c'est comme une surcharge nerveuse, une poussière de volontés brisées, toutes sortes de détritus d'imagination abandonnés là par ces gens qui se mettent tout nus, qui ont peur, qui veulent, qui ne veulent pas, qui mesurent avec angoisse leur résistance et le sacrifice à faire, qui luttent à force de rames contre le torrent des destinées.

Les hommes en blouse continuent à se démener au milieu des corps humains. Ils ne cessent de toucher, de manipuler, d'évaluer. Ils enfoncent la pulpe de leurs doigts dans la chair des épaules, dans les flancs, dans la graisse des fesses; ils pincent les biceps entre le pouce et le médius, font jouer les jointures, regardent les dents et l'intérieur des paupières, tirent sur les cheveux, frappent sur les poitrines, comme des douaniers sur une futaille. Puis ils font marcher les hommes de gauche à droite et de droite à gauche. Ils les font se courber, se redresser, se mettre à genoux ou découvrir les endroits les plus secrets de leur personne.

Parfois, il semble qu'un peu d'air frais traverse la salle; deux jeunes gens bien bâtis réclament leur incorporation! On ne comprend pas comment ils se trouvent là. Le tribunal tout entier les contemple avec émerveillement, comme des pépites au milieu d'une poignée de vase.

Ils passent avec un sourire fier, un peu forcé. Le défilé recommence des laideurs touchantes, des frayeurs, des désespoirs, des timidités incurables et violées. Ce tribunal fait songer à une falaise abrupte contre laquelle, comme des oiseaux marins pourchassés par la tourmente, viennent se meurtrir les individus égarés.

Les médecins donnent des signes d'épuisement. Le plus vieux, qui est un peu sourd, fonce dans la besogne comme un sanglier dans les taillis. Le plus jeune souffre et s'agace visiblement. Il a le regard trouble et inquiet de quelqu'un qui fait un travail odieux et qui ne s'en console pas.

Et toujours la chair humaine afflue; toujours, du même coin de la pièce, arrive la file ininterrompue des corps blêmes qui avancent à pas mous sur le parquet.

Sainte chair humaine, substance sacrée qui sers à la pensée, à l'art, à l'amour, à tout ce qu'il y a de grand dans la vie, tu n'es plus qu'une pâte vile et malodorante que l'on prend entre les mains avec dégoût pour évaluer si, oui ou non, elle est bonne à tuer!

Un mal de tête tenace et général s'installe.

L'assemblée fonctionne comme dans un rêve, avec les silences, les lenteurs et les lacunes noires des mauvais rêves. Deux heures passent encore ainsi.

Puis, brusquement, on entend dire:

« Voilà les dix derniers! »

Ils entrent et se déshabillent à leur tour. Ils ont attendu si longtemps qu'ils semblent éreintés, vidés, anéantis. Ils reçoivent les décisions sans résistance, comme un coup de poing sur la nuque; et ils s'en vont en hâte, sans se parler, sans se regarder.

Le tribunal se lave les mains, ainsi que Ponce Pilate; il signe cérémonieusement des papiers et il se disperse.

Il fait nuit. Le vent est tombé. Un brouillard qui empeste la fumée d'usine couvre encore la ville. Au pied d'un réverbère, un des derniers hommes jugés vomit, avec d'inouïs efforts, les verres de vin bus dans l'après-midi. La rue est sombre et déserte. Le monde entier sent le brouillard et le vomissement.

# CIVILISATION

Il faudrait savoir ce que vous appelez civilisation. Je peux bien vous demander cela, à vous, d'abord parce que vous êtes un homme intelligent et instruit, ensuite parce que vous en parlez tout le temps, de cette fameuse civilisation.*

Avant la guerre, j'étais préparateur dans un laboratoire industriel. C'était une bonne petite place: mais je vous assure que si j'ai le triste avantage de sortir vivant de cette catastrophe, je ne retournerai pas là dedans. La campagne! La pure cambrouse!* quelque part bien loin de toutes les sales usines, un endroit où je n'entende plus jamais grogner vos aéroplanes et toutes vos machines qui m'amusaient naguère, quand je ne comprenais rien à rien, mais qui me font horreur maintenant, parce qu'elles sont l'esprit même de cette guerre, le principe et la raison de cette guerre!

Je hais le XXe siècle, comme je hais l'Europe pourrie et le monde entier sur lequel cette malheureuse Europe s'est étalée, à la façon d'une tache de cambouis.* Je sais bien que c'est un peu ridicule de sortir de grandes phrases comme cela; mais, bah! je ne raconte pas ces choses à tout le monde, et puis, autant ce ridicule-là qu'un autre! Je vous le dis, j'irai dans la montagne, et je m'arrangerai pour être aussi seul que possible. J'avais pensé me retirer chez les sauvages, chez les Nègres, mais il n'y a même plus de vrais Nègres, maintenant. Tout ça monte à bicyclette, et demande à être décoré. Je n'irai pas chez les Nègres, nous avons tout fait pour les égarer; je l'ai bien vu à Soissons . . .

Au printemps de cette année,* j'étais à Soissons, avec tout le G. B. C. Je devine que G. B. C., cela ne vous dit pas grand-chose, il faut encore vous en prendre à la civilisation: elle rebâtit la tour de Babel, et, bientôt, les hommes auront avili leur langue maternelle au point d'en faire une sorte de patois télégraphique, sans saveur et sans beauté.

La retraite allemande avait porté la ligne vers Vauxaillon et Laffaux, et, là, on se battait passablement. Dans un secteur de combat, une position comme le moulin de Laffaux, c'est une épine au fond d'une plaie: ça entretient l'inflammation. Vers le début de mai, il y eut une grande attaque sur ce moulin, et presque tout mon groupe dut monter en ligne.

« Pour vous, sergent, me dit l'officier, vous resterez à l'hôpital et vous serez chargé du brancardage de l'A.C.A. On vous donnera du monde. »

Je suis maintenant au fait des subtilités du langage militaire. En entendant qu'on me donnerait du monde, je compris fort bien qu'il n'y aurait personne, et, en effet, je demeurai à la tête de quatre hommes de rebut, espèces de crétins cacochymes* dont personne n'avait l'emploi.

Dès le samedi, les blessés arrivèrent par paquets de cent. Et je commençai à les empiler méthodiquement dans les salles de l'A. C. A.

A vrai dire, la besogne ne marchait guère. Mes brancardiers fourbus s'accouplaient mal, butaient comme des rosses couronnées* et faisaient hurler les blessés. Ils picoraient au hasard dans l'amas énorme de la besogne, et toute l'A. C. A. piétinait d'impatience, comme une usine à chair humaine qui ne reçoit pas ses matières premières et qui tourne à vide.

Il faut que je vous explique ce que c'est qu'une A. C. A. Dans l'argot de la guerre, cela signifie une « autochir »; autrement dit, c'est ce qu'on a inventé de plus perfectionné comme ambulance. C'est le comble de la science, comme les canons de 400 sur voie ferrée; ça suit les armées avec moteurs, machines à vapeur, microscopes, laboratoires, tout un outillage d'hôpital moderne. C'est le premier grand atelier de réparation que l'homme blessé rencontre au sortir de l'atelier de trituration et de destruction qui fonctionne à l'extrême avant. On apporte là les pièces les plus endommagées de la machine militaire. Des ouvriers habiles se jettent dessus, les déboulonnent en vitesse et les examinent avec compétence, comme on ferait d'un frein hydropneumatique, d'une culasse ou d'un collimateur.* Si la pièce est sérieusement avariée, on fait le nécessaire pour lui assurer une réforme convenable; mais si le « matériel humain »* n'est pas absolument hors d'usage, on le rafistole avec soin pour le remettre en service à la première occasion, et cela s'appelle « la conservation des effectifs ».*

Je vous l'ai dit, l'A. C. A. avait des trépidations de machine qui tourne à blanc.* Mes brancardiers lui apportaient, avec des maladresses de coltineurs ivres, quelques blessés qui étaient immédiatement digérés et éliminés. Et l'usine continuait à gronder, comme un Moloch* mis en appétit par les premières fumées du sacrifice.

J'avais ramassé un brancard. Aidé d'un artilleur blessé au cou, et qui ne demandait qu'à se rendre utile en attendant d'être opéré, je dirigeais mon équipe à travers la cohue. C'est alors que je vis passer, visage soucieux et souriant, front casqué, une manière de général raisonnable qui disait: « Ça ne va pas, votre brancardage. Je vais vous envoyer huit Malgaches. Ce sont d'excellents porteurs. »

Dix minutes après, mes Malgaches étaient là.

C'était, avec plus d'exactitude, un assortiment de Nègres où dominait l'élément malgache, une série d'échantillons prélevés sur le 1er corps colonial qui, à cette heure même, tapait ferme* devant Laffaux. Il y avait quelques Soudanais sans âge, ridés, ténébreux, cachant sous la varcuse réglementaire des grigris* patinés qui sentaient le cuir, la sueur et les huiles exotiques. Pour les Malgaches, imaginez des hommes de taille médiocre, d'aspect chétif, qui ressemblaient à des fœtus noirs et sérieux.

Tous ces gens prirent la bricole* et, à mon ordre, se mirent à porter les blessés, avec un flegme silencieux, comme s'ils avaient déplacé des ballots de coton das un dock.

J'étais satisfait, c'est-à-dire rassuré. L'A. C. A., rassasiée, travaillait à pleines mâchoires et avait le ronron des machines bien soignées qui ruissellent d'huile et dont toutes les pièces étincellent.

Etinceler! Le mot n'est pas trop fort. J'en fus aveuglé en pénétrant dans la baraque opératoire. La nuit venait de tomber, une des plus chaudes nuits de ce beau printemps brutal. La canonnade avait des soubresauts de géant malade. Les salles de l'hôpital regorgeaient d'une souffrance houleuse et confuse où la mort travaillait à mettre de l'ordre. Je humai fortement l'obscurité du jardin, et, comme je vous l'ai dit, je pénétrai dans la baraque opératoire.

Il y avait plusieurs compartiments. Celui où je me trouvai soudain formait bosse au flanc de l'édifice. Une chaleur de four à puddler* y régnait. Des hommes lavaient, brossaient, astiquaient avec minutie une foule d'instruments luisants, cependant que d'autres activaient des foyers qui avaient l'ardeur blême des lampes de soudeur. Sans cesse, des gens entraient, sortaient, portant des boîtes plates, cérémonieusement, à bout de bras, comme des maîtres d'hôtel dévoués aux rites pompeux de la table.

« Il fait chaud chez vous, murmurai-je pour dire quelque chose.

– Passez à côté, ça ira mieux », me dit en ricanant un nabot barbu comme un Kobold.*

Je soulevai une couverture, avec l'impression de pénétrer dans la poitrine d'un monstre. En face de moi, élevé comme un monarque sur une espèce de trône où l'on accédait par plusieurs marches, je reconnus le cœur du personnage. C'était ce qu'on appelle un autoclave,* une sorte de marmite immense où l'on eût fait cuire à l'aise un veau entier. Elle gisait à plat ventre et lâchait un jet de vapeur étourdissant, et monotone au point d'en faire perdre la conscience de l'espace et du temps. Brusquement, ce bruit infernal cessa et ce me parut comme la fin de l'éternité. Sur le dos de la machine, une charge de bouillottes continuaient à se gargariser et à crachoter. Semblable à un timonier, un homme manœuvrait un large volant, et, tout à coup dévissé, le couvercle de la chaudière tourna, laissant voir un ventre brûlant d'où l'on sortit toutes sortes de boîtes et de paquets.

A la chaleur de fournaise avait succédé une température moite, accablante, de hammam* ou d'étuve.

« Où opère-t-on les blessés? demandai-je à un garçon qui lavait les gants de caoutchouc dans une grande bassine de cuivre.

– Par là, dans les salles d'opérations, parbleu! Mais n'y entrez pas de ce côté. »

Je me replongeai dans la nuit, pareille à un gouffre de fraîcheur, et filai vers la salle d'attente retrouver mes brancardiers.

Ils apportaient à ce moment tout un lot de cuirassiers. Une division de « cavalerie à pied » donnait depuis le matin. Les plus beaux hommes de France avaient touché terre par centaines, et ils attendaient là, comme des statues brisées dont les restes sont encore de belles choses. Dieu! les fortes, les magnifiques créatures! Ils avaient des membres si puissants et des poitrines si vastes qu'ils ne pouvaient pas croire à la mort et, sentant dégoutter de leurs plaies un sang riche et substantiel, ils conjuraient, avec des blasphèmes et des rires, les défaillances de leur chair divisée.

« Moi, disait l'un d'eux, ils feront ce qu'ils voudront de ma barbaque,* mais pour m'endormir, barca!* Je ne marche pas!

– Oui, tout ce qu'ils voudront, disait un autre, mais pas l'amputation! J'ai besoin de ma patte, même esquintée,* j'la veux! »

Ces deux hommes sortaient de la salle de radiographie. Ils étaient nus sous une couverture et portaient, épinglé à leurs pansements, un trousseau de fiches bigarrées, de croquis, de formules, quelque chose comme un commentaire algébrique de leurs blessures, l'expression chiffrée de leur misère et du désordre des organes.

Ils parlaient de ce premier voyage au laboratoire en enfants bien dressés, qui reconnaissent que le monde moderne ne saurait plus vivre ni mourir sans la méticuleuse discipline des sciences.

« Qu'est-ce qu'il a dit, le major des rayons X?

– Il a dit que c'était un axe antéro-postérieur . . . Ça, je m'en doutais.

– Moi, c'est dans le ventre. Il a dit l'*abdomen*, mais je sais bien que c'est dans le ventre. Ah! Foutre de foutre! Mais je ne veux pas être endormi, ça, j'veux pas! »

La porte de la salle d'opérations s'ouvrit à ce moment et un déluge de lumière envahit la salle d'attente. Une voix criait:

« Les suivants! Et le ventre d'abord! »

Les porteurs noirs ajustèrent leurs bricoles et les deux causeurs furent enlevés. Je suivis les brancards.

Imaginez un bloc lumineux, rectangulaire, enchâssé dans la nuit comme un joyau dans de la houille. La porte se referma et je me trouvai emprisonné dans la clarté. Au plafond, un vélum immaculé diffusait l'éclat des lampes. Le sol, plan,* élastique, était parsemé de linges rouges que des infirmiers cueillaient prestement avec des pincettes. Entre le sol et ce plafond, quatre formes étranges qui étaient des hommes. Ils étaient complètement revêtus de blanc, leurs visages étaient couverts de masques qui, comme ceux des Touareg,* ne laissaient voir que les yeux; ils tenaient en l'air, et écartées, à la façon des danseurs chinois, leurs mains habillées de caoutchouc, et la sueur ruisselait sur leurs tempes.

On percevait sourdement la trépidation du moteur qui sécrétait toutes les lumières. De nouveau gavé, l'autoclave remplissait l'univers de sa plainte stridente. De petits radiateurs renâclaient comme des bêtes qu'on caresse à rebrousse-poil. Tout cela faisait une musique barbare et grandiose, et les gens qui s'agitaient là semblaient exécuter, avec harmonie, une danse religieuse, une sorte de ballet sévère et mystérieux.

Les brancards s'insinuèrent au milieu des tables, comme des pirogues dans un archipel. Rangés sur des linges, les instruments avaient le rayonnement des vitrines d'orfèvres; et les petits Malgaches manœuvraient leur fardeau avec précaution et docilité. Ils s'arrêtèrent à l'ordre, et attendirent. Leurs cous, minces et noirs bridés par les bricoles, leurs doigts crispés aux poignées des brancards, ils faisaient songer à des singes sacrés, dressés à porter les idoles. Les deux cuirassiers énormes et blafards, dépassaient les brancards des pieds et de la tête.

Il y eut quelques gestes rituels et les blessés se trouvèrent sur les tables.

A ce moment, mon regard rencontra celui d'un des noirs et j'éprouvai du malaise. C'était un regard calme et profond, comme celui d'un enfant ou d'un jeune chien. Le sauvage tournait doucement la tête à droite et à gauche et considérait les êtres et les objets extraordinaires qui l'entouraient. Les prunelles sombres s'arrêtaient légèrement sur toutes les pièces merveilleuses de cet atelier à réparer la machine humaine. Et ces yeux, qui ne trahissaient aucune pensée, n'en étaient que plus inquiétants. Un moment, j'eus la bêtise de songer: « Comme il doit être étonné! » Cette sotte préoccupation me quitta, et je ne ressentis plus qu'une honte insurmontable.*

Les quatre Malgaches sortirent. J'en conçus quelque soulagement. Les blessés semblaient ahuris, stupides. Des infirmiers s'empressaient autour d'eux, leur liaient les mains, les jambes, les frottaient avec de l'alcool. Les hommes masqués donnaient des ordres et évoluaient autour des tables, avec les gestes mesurés de prêtres officiants.

« Où est le chef, là-dedans? « demandai-je tout bas à quelqu'un.

On me le désigna. C'était un homme de taille moyenne, il était assis, élevait ses mains gantées et dictait quelque chose à un scribe.*

La fatigue, l'éblouissement des lumières, la canonnade, la rumeur industrielle qui régnait là, tout contribuait à me procurer une sorte d'ivresse lucide. Je demeurai immobile, emporté dans une tourmente de réflexions. Tout ce qui m'entourait était fait pour le bien. C'était la réplique de la civilisation à elle-même, la correction qu'elle donnait à ses débordements destructeurs; il ne fallait pas moins de toute cette complexité pour annuler un peu du mal immense engendré par l'âge des machines. Je songeai encore une fois au regard indéchiffrable du sauvage, et l'émotion que je ressentis se trouva faite avec de la pitié, de la colère et du dégoût.

Celui qu'on m'avait désigné pour le chef avait fini la dictée. Il demeurait figé dans sa position hiératique et semblait rêver. Je remarquai que, derrière ses lunettes, un beau regard grave brûlait, mêlé de sérénité, d'ardeur et de tristesse. On ne voyait presque rien du visage, le masque celait la bouche et la barbe; mais les tempes montraient quelques jeunes cheveux gris et une grosse veine se gonflait sur le front, trahissant les efforts d'une volonté tendue.

« Le blessé dort », murmura quelqu'un.

Le chirurgien s'approcha de la table. Le blessé dormait en effet; et je vis que c'était celui-là même qui déclarait si énergiquement ne point vouloir être endormi. Le pauvre homme n'avait pas osé balbutier sa protestation. Saisi dans l'engrenage, il avait été dominé tout de suite et s'abandonnait aux appétits de la mécanique, comme un saumon de fonte avalé par les laminoirs. Et puis, ne savait-il pas que tout cela était pour son bien; puisque c'est à cela qu'en est réduit le bien.

« Sergent, me dit une voix, on ne séjourne pas sans bonnet

à la salle d'opérations. »

A l'instant de sortir, je regardai encore une fois le chirurgien. Il était penché sur sa besogne avec une application où, malgré l'habit, la cagoule, les gants et tout l'appareil extérieur, on démêlait de la tendresse.

Je pensai avec force:

« Non! Non! Celui-là n'est pas dupe! »

Et je me retrouvai dans la salle d'attente qui fleurait* le sang et le repaire de fauves. Une lampe voilée y entretenait une clarté sourde. Des blessés gémissaient, d'autres devisaient à mi-voix.

« Qui parle de tank? disait l'un d'eux. Moi, j'ai été blessé dans un tank! »

Un léger silence respectueux se fit. L'homme, qui était enfoui sous les pansements, ajouta:

« Notre réservoir d'essence a été crevé; j'ai les jambes cassées et je suis brûlé à la figure. Moi, je sais ce que c'est qu'un tank! »

Il disait cela avec un accent étrange où je reconnnus la vieille tourmenteuse de l'humanité: l'orgueil.*

Comme j'allais sortir, mon regard s'attarda dans l'ombre, derrière un monceau de brancards. Deux Nègres étaient là. Je pensais qu'ils somnolaient, mais j'eus le temps d'entrevoir une chose extraordinaire: tournant le dos aux blessés, ils assouvissaient, chacun pour soi, avec une sorte d'indifférence lugubre, comme des singes en cage, une passion solitaire.*

Je haussai les épaules et m'en allai fumer une pipe au sein des ténèbres. Le monde me semblait confus, incohérent et malheureux; et j'estime qu'il est réellement ainsi.

Croyez-le bien, monsieur, quand je parle avec pitié de la civilisation, je sais ce que je dis; et ce n'est pas la télégraphie sans fil qui me fera revenir sur mon opinion. C'est d'autant plus triste qu'il n'y a rien à faire: on ne remonte pas une pente comme celle sur laquelle roule désormais le monde. Et pourtant!

La civilisation, la vraie, j'y pense souvent. C'est, dans mon esprit, comme un chœur de voix harmonieuses chantant un hymne, c'est une statue de marbre sur une colline desséchée, c'est un homme qui dirait: « Aimez-vous les uns les autres! » ou: « Rendez le bien pour le mal! » Mais il y a près de deux mille ans qu'on ne fait plus que répéter ce choses-là, et les princes des prêtres ont bien trop d'intérêts dans le siècle pour concevoir d'autres choses semblables.

On se trompe sur le bonheur et sur le bien. Les âmes les plus généreuses se trompent aussi, parce que le silence et la solitude leur sont trop souvent refusés. J'ai bien regardé l'autoclave monstrueux sur son trône. Je vous le dis, en vérité, la civilisation n'est pas dans cet objet, pas plus que dans les pinces brillantes dont se servait le chirurgien. La civilisation n'est pas dans toute cette pacotille terrible; et, si elle n'est pas dans le cœur de l'homme, eh bien, elle n'est nulle part.

# NOTES TO THE TEXT

*Page*

42 **grasse:** throaty.
**un rien de:** the merest hint of.
**fol:** wispy, youthful (from *fou*, used for stylistic reasons to elide with the following vowel).
**C'est ici . . . tristes:** One might note here Duhamel's address to the reader, a common device in his writing.
**C'est une chose . . . le futur:** Duhamel implies here what he often stated later, namely that the writer has a mission and a special position as a seer and interpreter:

'Un écrivain joue donc à mon regard sa fonction sociale quand il nous aide à mieux comprendre l'homme et le monde, quand il s'applique, selon la formule de Paul Claudel, à 'transformer l'inconnu en connu', quand il est vraiment un décrouvreur, un inventeur, un détecteur, que cette propriété de détection s'exerce immédiatement sur les êtres, les événements, les phénomènes, ou, médiatement, sur les pensées et les ouvrages d'un homme, d'un peuple, d'une civilisation.' (*Défense des lettres*, Mercure de France, p. 181)

43 **Il revoit . . . silence:** Duhamel briefly and dramatically recounts the incident; the style is unusual for these stories in comparison with those of Dorgelès.

*Page*

**le poste d'écoute:** forward listening post, from which enemy activity was monitored.

**l'huis:** door, opening (used mainly in expressions such as *à huis clos*).

44 **faire la part du monstre:** to cut one's losses, make a sacrifice.

45 **le noir empire:** death.

47 **aussi:** so, therefore.

**On a enveloppé . . . salissent pas:** Duhamel does not refer as often as several other writers to the unhygienic conditions prevailing in the hospitals, although he mentions them here and describes them at length and in detail in *A Verdun*.

49 **un cul-de-jatte:** a legless cripple.

50 **je promets, je promets:** Duhamel frequently uses repetition for emotional effect. Here he uses the simple device eight times within a short space.

53 **bourgeonnent:** form granulation tissue.

**fumailler:** to puff away on a cigarette.

54 **que ce soit d'être bon:** that it comes from a good person.

55 **voix entrecoupée:** voice broken with emotion.

56–7 **N'est-ce donc . . . bombes:** Despite the deliberate epic tone sought, this particular piece of dialogue, with its careful subjunctive, might seem to some readers a little stilted in the circumstances.

58 **mi-parti:** part-coloured, half black, half white.

**de place en place:** here and there.

59 **boule:** ration loaf.

60 **théorie:** line.

61 **C'etait le 27 fevrier:** 1916

**Nuit dans la paille . . . chevilles:** It is unusual for Duhamel not to use conventional sentences but here the terse style is effective.

62 **la Route:** nicknamed La Voie Sacrée, the only supply line into Verdun.

**ambulance:** field station, mobile dressing station.

*Page*

63 **un quart:** mug or beaker holding a quarter of a litre.
**capote:** greatcoat.
**babouches:** slippers.

64 **troussait:** was trussing.
**urinal:** bed-bottle.

65 **pistolet:** bed-bottle.

66 **Pas de caves . . . poursuivit:** Again, the staccato sentences heighten dramatic urgency.

67 **mascaret:** tidal wave or bore.

68 **Je me retirais . . . impossible:** Duhamel provides here as concentrated a description of suffering and of the doctor's position as anywhere in *Vie des martyrs* and *Civilisation*.

69 **entonnoirs:** shell holes.
**fusées:** fuses.
**marmites:** heavy shells.

71 **dilacération:** destruction.
**font eau:** leak.

73 **paillasse:** clown.
**numérotez vos abatis:** look out!
**caberleau:** head (military slang) usually *caberlot*.
**bigorneaux:** shells, cf. *bigorner*, to kill.

74 **tripoter:** to fiddle with, finger.
**carte de femme:** prostitute's card.

75 **ordonnance:** batman.

76 **commotion:** shock.
**fouaillé:** lashed, cut through.

78 **vannier:** basket-maker.

79 **à ce compte:** in this case, judged in this light.
**ben:** *bien*.
**faut pas:** *il ne faut pas*. By using this popular speech Duhamel very quickly establishes Grégoire's background.
**pis:** *puis*.

80 **rouspéteur:** moaner, grumbler.
**le billard:** operating table.

*Page*

80 **moué:** *moi.*

81 **Grégoire ne sait pas . . . étrangère:** It is perhaps worth noting that Duhamel spoke no foreign languages, a failing which at times prejudiced his judgment on other countries and their culture and led him to make some irritating generalisations, not least about the United States. Thus, for example, when advocating a *rapprochement* between the French and English communities in Canada, he states that the English community has much to derive culturally from this; a knowledge of English, however, would be only of commercial value to the French community: 'Apprenez assez d'anglais pour aider les Anglo-Saxons à s'ouvrir, grâce à la langue française, une fenêtre sur le monde antique, source de nos philosophies, de nos morales, de nos religions et de beaucoup d'autres richesses' (*Tribulations de l'espérance*, Mercure de France, 1947, p. 260). There is no doubt that foreign languages were difficult for Duhamel and caused him to indulge in cultural chauvinism.

**fort en gueule:** loud-mouthed.

**bricoles:** this and that, odds and ends.

**farder:** to hide goods.

**de droite et de gauche:** here and there.

82 **core:** *encore.*

**dans le parmi de:** in the middle of.

**polo:** knitted woollen hat.

**si tellement:** *tellement* cannot normally be qualified.

83 **le génie:** the engineers.

**dame:** of course, sure!

84 **ce que:** how much (popular).

**'Quand, en passant . . . bouché':** It is characteristic of Duhamel to include a song like this, innocent enough, though somewhat crude. He is not gratuitously vulgar but is nevertheless fairly open in his representation of humour or sex in his stories.

*Page*

85 **pisque j'vas:** *puisque je vais.*

87 **papillotes:** *(dragées en) papillotes,* (sweets in) papers.

88 **Dieu lui-même . . . grâce:** To no small extent it was the inequality of human gifts and fates which prevented Duhamel from believing in God. Like so many others, he could not understand why a merciful God should inflict such suffering. In both wars this contradiction struck Duhamel painfully and he could never reconcile such cruelty with divine love: 'En outre, en elle-même, l'idée de Dieu me paraissait trop étrangère à la monstrueuse absurdité des événements qui m'emportaient pour la compromettre, dès l'abord, dans ce crime et cette sanie' (*La Pesée des âmes*, Mercure de France, 1949, pp. 269–70).

89 **vice-feldwebel:** sergeant.

**amener à composition:** to persuade to come to terms, to win round.

90 **cognée:** axe.

**Par-dessus l'abîme . . . soudain:** In war music consoled Duhamel for the harsh realities of human failure and saved his sanity. He saw it as a faith, offering ultimate salvation and potential understanding:

> Pour l'homme privé des consolations de la foi, elle était quand même une foi, c'est-à-dire ce qui soutient, ce qui relie, ce qui nourrit, vivifie, réconforte. Une voix m'était donnée pour appeler et pour me plaindre, pour célébrer et pour prier. (*La Musique consolatrice*, Editions du Rocher, p. 75)

93 **la Pouilleuse:** chalk plain bounded on the east by la côte de Champagne.

94 **toile de Jouy:** Liberty print. The workshops were originally founded by Oberkampf at Jouy-en-Josas in 1760.

*Page*

95 **fraise:** ruff.
**coup de main:** raid.
**parures:** leafy finery.

97 **stupide:** bemused.

97–8 **Nous avons fait beaucoup . . . l'entendre:** This passage, which significantly is spoken by a doctor, is central to Duhamel's main theme and is reinforced by the final paragraph of *Civilisation*.

99 **alléguer:** to put forward as an excuse.

101 **une sonate de Bach:** Bach and Mozart were Duhamel's favourite composers and he quite frequently uses musical descriptions to illustrate his deeper feelings. Thus, here, the Bach sonata acts as a catalyst, bringing his hidden emotion to the surface and giving it shape. Of Bach's work Duhamel wrote that 'pareille à une cathédrale vide mais magistralement construite, cette oeuvre répond par une vibration divine, par un écho sensible et puissant, à tous les mouvements de notre âme' (*La Musique consolatrice*, Editions du Rocher, p. 35).

102 **traverse:** difficulty, obstacle.

103 **Louis de Rouvroy, duc de Saint-Simon:** (1675–1755) His vast *Mémoires*, which cover the period from 1691 to 1723 in twenty-one volumes, were published only in 1829–30.

108 **mamelon:** hillock.

111 **torpille [sèche]:** landmine.

112 **courtier:** broker.
**suspension:** ceiling lamp.
**baraques:** firms, dealers.
**dégoter:** (or *dégotter*) to find, unearth.
**je reste planté avec mon taxi sur le dos:** I'm lumbered with the taxi fare to pay.
**marbrures 'pas très franches':** ominous blotches.

114 **deviser:** to converse, chat.

115 **se mucher:** to hide (popular).

*Page*

115 **enfant de l'Assistance publique:** child brought up in care.

117–18 **Toute la salle . . . forces:** Duhamel seizes on the significant comic feature or gesture. One can easily overlook his considerable ability to caricature. His later description of the *dame en vert* at the foot of the bed 'comme une hirondelle sur un fil télégraphique' is a further humorous example worthy of Giraudoux.

118 **gara ses yeux:** shielded his eyes.

**Ah! Rabot . . . l'ennemi:** This insensitivity is equalled by that in a similar passage in '*Sur la Somme*', the third story in *Civilisation*:

> C'est à Calmel qu'un civil grassouillet, chargé de je ne sais quelle mission aux armées, dit un jour avec une conviction jubilante: 'Tu parais bien touché, mon brave! Mais si tu savais quelles blessures nous leur faisons, avec notre 75! Des blessures terribles, mon cher, terribles!'

119 **tirer d'affaire:** to rescue.

121 **argentine:** silver-weed.

**de quel régiment que vous êtes:** what's your regiment? (popular syntax).

**mes miens:** mine (popular).

122 **à c't'heure:** now (popular).

**il a plus de bras:** he has no arms.

**je suis été:** popular confusion of *je suis allée* and *j'ai été*.

**faut:** *il faut*.

**manquerait plus que ça:** *il ne manquerait plus que cela* that would be the end, limit.

123 **c'est les temps:** it's time to do it.

**l'Août:** harvest.

124 **vert d'eau:** sea-green.

**blondasse:** flaxen-haired.

**soufflé:** swollen, puffy (in face).

*Page*

125 **Ponceau Emile:** military style of introducing himself.
**major:** medical officer.
**potes:** chaps (popular).

126 **envoyant des postillons:** spluttering.

127 **qui ne posait pas à la femme forte:** who didn't pretend to be tough.

129 **elle s'a carapatée:** she scarpered (popular).

130 **bellure:** oaf, fool.
**pagnote avec:** sleeps with.

131 **en bisbille avec:** at odds with.
**mis sous séquestre:** impounded.

132 **pépère:** terrific.

133 **en place de:** instead of.
**une gouttière:** a cradle, (cradle-like) splint.

134 **états:** accounts.
**cabalistiques:** mysterious.

136 **gare régulatrice:** troop junction.
**baby:** tiny tot.

138 **courir la gazette:** to be gossiped about.

140 **une perm':** *permission* leave.

141 **fignoler:** to put the finishing touches to.
**tarlatane:** muslin.
**génésique:** genetic, reproductive.

142 **ordinaire:** everyday meal.

145 **eau de mélisse:** melissa cordial.

146 **elle m'est restée sur le cœur:** the story still rankles with me. The opening paragraphs provide an immediate, personal approach which draws the reader into the narrative and determines his response. The bitter theme, namely the insensitivity of bureaucracy, recalls that of 'Régulatrice', another story in *Civilisation*, in which the narrator is sent from pillar to post in search of a place to lay a corpse overnight. Duhamel was always outraged when bureaucracy overrode human dignity and need. Elsewhere he provides an ironic but telling illustration of this attitude:

*Page*

Il appartient à l'Ad-mi-nis-tra-tion, dans le militaire aussi bien que dans le civil. Il était de ces employés pour lesquels l'administration est, en fait, un sacerdoce, de ceux qui, pour écrire 'l'administration d'un médicament', ne peuvent, et c'est légendaire, se dispenser de mettre une majuscule. (*La Pesée des âmes*, Mercure de France, 1949, p. 103)

147 **ronde:** round hand.
**bâtarde:** slanting round hand.
**coulée:** running hand.
**barda:** kit.

148 **poitrine grasse:** phlegmy, congested chest.
**engeance:** mob, shower (popular).

148–50 **Monsieur, cela m'a rendu triste . . . mes morts:** Duhamel vividly captures the *poilu*'s speech and effectively combines realistic details and black humour.

150 **il a un verre dans le nez:** he's tipsy (popular).
**nous sommes frais:** we're in a mess (popular).

151 **cornait:** wheezed.
**barbet:** water spaniel, cf. *être crotté comme un barbet*: to be coated with mud.
**des fois:** sometimes, perhaps (popular).

152 **couillon:** idiot, twit (popular).

154 **jean-foutre:** useless lump, cf. also *jean-fesse*.

155 **se rincer le bec:** to drink (popular).

157 **On les a tous convoqués pour midi . . .:** Duhamel sets the scene at unusual length in this reflection and provides one of this most powerful atmospheric descriptions, including several striking similes and images.

159 **aux pièces:** at piece rate.

160 **ben quoi?:** so what?

164 **Il faudrait savoir . . . civilisation:** A direct address which, as in *Le Cuirassier Cuvelier*, immediately engages our attention. The reflection as a whole

*Page*

uses a curious combination of popular and academic diction.

**cambrouse:** the back of beyond.

**cambouis:** dirty oil, grease.

165 **Au printemps de cette année . . .:** In the following paragraphs Duhamel attacks the use of acronyms, such as G. B. C. and A. C. A. He had a lifelong concern for all aspects of the purity of language. In one of his plays he provides an amusing parody of this particular tendency which he sees adopted even in literary circles:

Et puis, ce n'est pas seulement l'appui du P. D. M. que je vous apporte; c'est encore celui du J. D. J. et de la M. M. A. Je peux à peu près compter sur la Société des R. C. D. Q. Oui! quant à la bande des V. C. Oui! vous savez: 'le vers classique,' ils marchent avec nous. (*L'Œuvre des athlètes*, Nouvelle Revue Française, 1920, p. 79)

**cacochymes:** doddery or dyspeptic.

**rosses couronnées:** broken-kneed nags.

166 **collimateur:** collimator, gonio-sight.

**'matériel humain', 'la conservation des effectifs':** Duhamel uses official language ironically to express his horror at the impersonal treatment of human beings, who are subordinated to expediency. Language such as this illustrates the impersonal view of men as a mere military resource. Duhamel recalls this after the Second World War, too (cf. 'Notes to introduction', note 16, p. 30).

**tourne à blanc:** running light, below capacity.

**Moloch:** Semitic deity to whom parents sacrificed their children.

**tapait ferme:** was fighting hard.

**grigris:** grigri (African talisman).

167 **bricole:** strap.

*Page*

167 **four à puddler:** puddling-furnace (for converting pig iron into wrought iron).
**un Kobold:** German mythological spirit haunting subterranean places and protecting precious metals in the earth.

168 **autoclave:** autoclave (sealed vessel for sterilizing objects, especially surgical instruments, at high pressure).
**hammam:** Turkish bath.
**barbaque:** meat, but there meaning skin, hide (popular).
**barca:** nothing doing! (military slang). Originally an Arabic word used by colonial soldiers.

169 **esquintée:** damaged.
**plan:** flat.
**Touareg:** Tuareg (nomadic Berber people of the Sahara).

170 **A ce moment . . . insurmontable:** Duhamel here expresses his central theme: that modern civilization has cause to feel only shame for the moral disorder its materialism has promoted. This recalls the opening paragraph and prepares for the conclusion, in which Duhamel sees what he has elsewhere called 'le règne du cœur' as the only hope for our future. After the Great War Duhamel expressed his view that European civilization was barbaric:

Un doute a grandi dans toutes les âmes: qu'est donc cette civilisation dont nous tirons tant d'orgueil et que nous prétendons imposer aux peuples des autres continents? Qu'est-elle donc pour s'être soudain révélée si cruelle, si dangereuse, aussi dépourvue d'âme que ses machines? Les yeux s'ouvrent et les consciences s'illuminent: jamais la barbarie n'avait atteint dans la brutalité et la destruction des résultats aussi monstrueux que ceux dont notre civilisation industrielle et scientifique est désormais capable. Celle-ci ne serait-elle donc qu'une forme à peine

*Page*

travestie de la barbarie? (*La Possession du monde*, Mercure de France, 1919, p. 243)

171 **scribe:** bureaucrat, penpusher.

172 **fleurer:** to smell sweetly of.

**l'orgueil:** Duhamel held that pride was the universal sin. The countless forms of human conceit intrigued and amused him and his perception of pride as the basis of all unreasonable conduct is humorously summarized in a satire of Heaven which he wrote later:

Le Père dit souvent que l'orgueil est le seul péché, que l'orgueil revêt toutes les formes, qu'il est aussi plus difficile à reconnaître et que ce terrible orgueil est si bien lié à l'existence qu'il est impossible de l'en séparer et même de l'en distinguer. Il arrive que les plus modestes, les plus humbles deviennent orgueilleux de leur belle modestie, de leur touchante humilité. (*Souvenirs de la vie du Paradis*, Mercure de France, 1946, p. 85)

**tournant le dos . . . solitaire:** Duhamel does not avoid describing a sexual act; in this case it is one that is selfish, joyless and in keeping with the general tone of *Civilisation*, a story that has none of the humour and love which pervade *Amours de Ponceau*.